新 역의 향기

-쉽고 정확한 통변-

新 역의 향기

발행일	2016년 9월 2일

지은이	정 숙 정		
펴낸이	손 형 국		
펴낸곳	(주)북랩		
편집인	선일영	편집	김향인, 권유선, 김예지, 김송이
디자인	이현수, 이정아, 김민하, 한수희	제작	박기성, 황동현, 구성우
마케팅	김회란, 박진관, 오선아		
출판등록	2004. 12. 1(제2012-000051호)		
주소	서울시 금천구 가산디지털 1로 168, 우림라이온스밸리 B동 B113, 114호		
홈페이지	www.book.co.kr		
전화번호	(02)2026-5777	팩스	(02)2026-5747
ISBN	979-11-5987-178-8 03180(종이책)		979-11-5987-179-5 05180(전자책)

이 도서의 국립중앙도서관 출판예정도서목록(CIP)은 서지정보유통지원시스템 홈페이지(http://seoji.nl.go.kr)와
국가자료공동목록시스템(http://www.nl.go.kr/kolisnet)에서 이용하실 수 있습니다.
(CIP제어번호 : CIP2016020018)

성공한 사람들은 예외없이 기개가 남다르다고 합니다.
어려움에도 꺾이지 않았던 당신의 의기를 책에 담아보지 않으시렵니까?
책으로 펴내고 싶은 원고를 메일(book@book.co.kr)로 보내주세요.
성공출판의 파트너 북랩이 함께하겠습니다.

경력 40년의 역학 전문가가 밝히는 사주풀이의 정석!

新역의 향기

쉽고 정확한 통변

정숙정 지음

북랩 book Lab

책머리에

2012년에 역의 향기를 출간하고 난 후 여러 독자들과 전화로 대화를 많이 주고받았습니다. 주로 공부하는 방법이나 다른 좋은 책이 없는가 하는 질문이 많았습니다.

혼자서 공부를 10년 20년 했지만 통변이 안된다는 이야기도 많았지요. 통변책이 따로 있느냐라는 질문도 있었습니다. 그런데 다들 통변을 너무 어렵게 생각하고 있지만 그리 어려운 일은 아니라고 생각합니다. 기초이론 하나하나를 잘 기억해 두었다가 퍼즐을 맞추듯이 끼워나가고 잘 활용하면 그것이 바로 통변이지요.

이 책은 이전에 발행된『역의 향기』보다 쉽고 재미있는 방법으로 통변에 접근해 보는 내용입니다. 잘 숙지하시어 하시는 공부에 좀 더 도움이 되셨으면 합니다. 생소하거나 이해가 어렵다고 해서 무조건 배척하고 비판할 것이 아니라 다시 한 번 생각해 보시고 또 적용해 보시고 적중률이 높다고 여기시어 받아들여 주시면 대단히 감사하고 보람을 느끼겠습니다.

목차

干合에 대하여

甲己合

甲己合 하면 土로 변한다. 물론 1대 1로 합하면 그럴 수 있다. 하지만 지지에 어떤 글자가 오느냐에 따라 달라진다. 甲과 己가 어떤 상황이냐에 따라 다르다는 말이다.

甲 己 이런 경우에는 甲이 無根하고 己가 강하며 甲을 합하며
午 未 未에 입고시키니 甲이 확실하게 合去된다. 이것을 통변에 활용하면 甲에 해당하는 육친과 일찍 이별하거나 인연이 나빠진다. 甲이 직업에 해당한다면 직장운이 나쁘다고 하겠다.

건강면으로 본다면 甲이 머리나 간에 해당되니 뇌혈관 질환이나 신경성 병 또는 간질환 등에 약하다고 할 수 있다.

甲 己 己가 甲보다 약하고 합하여 死地인 寅으로 끌려간다.
寅 酉 역시 己에 해당하는 육친과 심한 애로가 생기거나 이별하게 된다

<사주 예>

41

甲 己 庚 乙 　　 乙 甲

戌 亥 辰 巳 여자 　 酉 申 대운

• 乙은 강한 庚에 합거되니 庚자식을 낳은 후 첫 남편인 乙과
이별했다. 甲은 그 후에 만난 동거남인데 일간인 己와 합하여
亥水에서 生을 받고 己와 합하여 庚의 극을 피하고 있어 나와
합하고 있는 동안에는 죽지 않았지만 상관운인 申대운에 동
거가 깨지고 별거했으나 乙대운에 乙이 甲己의 합을 깨니 甲
이 戌 위에서 존명하기 어렵고 己가 극을 받아 합이 깨지니
의지처가 없어지고 庚의 극까지 받아 갑자기 간암으로 죽고
말았다. 己는 庚이 甲을 극하는 것을 막고 있다가 자신이 극
을 받으니 그만 자기의 역할을 망각하게 되어 庚이 甲을 극한
것이다.

37

己 甲 戊 乙 　　 壬

巳 辰 子 巳 여자 　 辰

• 월지 子가 있고 일지에서 올라간 乙도 있어 종할 수는 없고

재다신약용인격 사주다. 土多가 病인 사주이고 甲이 기신인 己와 합하여 子水를 외면하니 나쁜 방향으로 흘러가는 운명이다.

- 甲은 머리이니 정신력을 뜻하는데 강한 己에 약한 甲이 많이 합거되고 정신력을 부실하게 하는 辰巳 지라살이 중첩되어 정신병이 오기 쉽다. 남편성이 뚜렷하지 않고 암장된 편관만 있으니 天干合神인 己를 배우자로 본다. 결혼후 정신력이 무너지는 경우다.

- 더구나 일간은 戊가 있는 쪽으로 네 자리를 이동하고 子는 辰쪽으로 네 자리를 이동하는 4급 소용돌이까지 있어 더욱 정신력이 부실해지고 운명이 소용돌이치게 되어 있다.

- 辰대운에 정신병이 생겨 가출했는데 행방불명인 상태다. 이런 경우는 甲己合去가 정신병을 몰고 온 사례다.

甲 己 丁 己
戌 未 丑 亥 여자

- 섣달 언 자갈밭이고 丑戌未 삼형살까지 가세하니 甲은 뿌리 내릴 수 없고 강한 己土에 쉽게 합거된다. 당연히 부부궁이 깨졌으니 심한 불화 끝에 이혼 소송이 진행중이다.

甲 乙 己 丁
申 酉 酉 未 남자

- 己는 丁未의 生助를 받아 약하지 않고 甲은 무근하고 金의 극이 심하니 쉽게 己에 합거된다. 甲은 형제라 단명형제가 있고 누이들은 이혼이나 별거중이다. 누이인 甲에서 보면 申酉金이 많아 관살혼잡되고 甲己合去까지 있어서 그렇다.

甲 壬 己 庚
辰 寅 卯 戌 남자

- 寅卯辰 방합에 의해 甲己合이 더욱 가까워졌다. 木은 강하고 己는 약해서 己가 쉽게 합거된다.
- 己는 자식이고 직장인데 무자식이고 직장생활에 적응 못하고 자영업을 하고 있다.

乙 甲 己 庚
亥 寅 卯 子 남자

- 약한 己를 일간이 合去시키고 끌어와서 寅 死地에 집어넣는다. 이런 것을 合死시킨다고 한다. 己에서 寅은 死地다. 처의

입장에서는 남편이 저승사자처럼 싫고 두렵다. 부부갈등이
심하고 처는 질병이 잦고 늘 골골거린다.

甲 己 辛 丙

戌 卯 卯 午 여자

- 己는 약하고 甲은 강하다. 약한 己는 甲과 합하여 뿌리가 되
  는 戌을 찾아간다. 卯戌의 합이 겹치니 음란한 명조이고 戌에
  기대기 위해 자꾸 甲과 합하고 싶다. 남자만 보면 껄떡거리는
  바람둥이 여자다.

乙庚合

丙 庚 癸 乙
戌 子 未 酉 남자

- 편재가 없고 乙이 천간에 투출되고 일간과 합하니 부친으로
  본다. 乙이 약하고 絕地에 앉아 있어 쉽게 合去된다. 부친을
  일찍 사별했다. 부친성이 년주에 있어 10살 안에 일어난 일
  이다.

庚 戊 庚 乙
申 午 辰 巳 여자

- 乙은 약하고 庚은 강하며 쟁합되고 있어 이별할 남편이다. 자
  식인 庚이 생기자 이내 이혼했다. 강한 庚이 乙을 合去시킨
  것이다. 아들 하나 생긴 후 이내 헤어졌다.

辛 庚 辛 乙

巳 申 巳 巳 여자

- 부친성인 乙은 辛의 극도 있고 강한 庚에 합거되니 21살 甲대운
에 부친과 사별했다. 대운에서 들어온 甲이 군비쟁재 되었다.

乙 庚 庚 壬

酉 寅 戌 子 여자

- 편재인 寅은 寅午戌 火局으로 다 타버리고 乙은 쟁합으로 사
라진다. 寅과 乙은 재성이라 다 부친성이다. 부친이 단명하셨
다. 乙을 부친성으로 본다면 쟁합이라 부친이 재혼하셨다. 乙
과 합하는 庚을 모친으로 볼 수도 있다. 고정관념에 사로잡히
지 말아야 한다.

庚 辛 戊 乙

寅 亥 寅 卯 남자

- 乙庚합이 멀지만 寅亥의 합으로 가까워졌다. 庚은 무근하고
약하나 乙은 水木이 많아 강하다. 庚이 합거되니 형제가 단명

했다.


```
庚 乙 壬 丁
辰 亥 寅 酉  남자
```

• 丁壬合으로 木이 秀氣가 되어 乙木은 강하고 庚은 약하다.
일간은 生木이라 金을 싫어하고 火土를 좋아한다. 당연히 庚이
기신이고 합거되니 자식애로가 크고 프리랜서인 보험설계사다.


```
乙 庚 壬 丙
酉 申 辰 戌  여자
```

• 약한 乙은 쉽게 합거되니 5살 庚寅년 부친과 사별했다. 庚의
쟁합이 일어나고 운에서 들어온 寅이 부친성인데 寅申충으로
沖去되었다.

丙辛合

丙 丙 辛 乙
申 申 巳 未 여자

- 관성이 뚜렷하지 않고 편관만 숨어있어 천간에서 일간과 합하는 辛을 배우자로 본다. 辛은 時干의 丙과 쟁합하고 巳午未火局 속의 丙과도 합하니 내 돈과 남편은 먼저 본 놈이 임자다. 남편 바람으로 인해 이혼한 후 재혼하니 후처도 되었다. 젊은 시절에 타인으로 인한 금전손실이 많았다. 년월주는 젊은 시절이다.

庚 丙 辛 丙
寅 寅 卯 午 여자

辛은 약하고 쟁합에 의해 쉽게 합거된다. 庚은 부친인데 寅絶地에 앉고 일간이 庚에게 편관칠살이 되니 어릴 때 부친을 사별했다. 辛은 부친의 형제다. 부친 형제는 단명자가 많고 고모인 辛이 쟁합하니 재혼했다.

癸 癸 辛 丙
亥 巳 卯 申 여자

- 일지 속의 戊는 남편이고 남편과 같이 있던 巳중의 丙이 년간
  으로 솟아 남편의 표출신이 되었다. 丙을 남편의 기운으로 보
  라는 말이다.
- 丙辛合으로 약해진 丙을 時干의 癸가 노리고 있다. 丙辛의 합
  이 깨지는 운에 부부이별이 생긴다. 丙은 나의 일지에서 솟아
  나와 인연이 있으니 첫 남편이다. 이혼하고 재혼했으나 여전
  히 불화 속에 살아간다.

48

戊 庚 辛 丙 　　　丙
寅 子 丑 申 여자 　申

- 丙은 寅에서 올라온 남편의 표출신이다. 일주와 시주는 2급
  소용돌이 속에 있다. 戊는 庚을 향하여 2칸 가고 子는 寅을
  향하여 2칸 움직이니 氣의 흐름이 서로 역방향이 되어 2급
  소용돌이 또는 태풍이라 한다. 선전이라고도 한다.

- 년간의 약한 丙火는 강한 辛에 의해 合去되고 남편이 있는 시주에는 소용돌이가 치니 곱게 해로하기는 어렵다. 申대운에 남편이 사업차 몽골에 갔다가 낙마하여 전신이 마비된 상태로 10년째 누워 있다. 寅申沖은 역마충이니 주로 교통사고인데 이 경우는 바로 말로 인한 사고다.

36 26

辛 壬 辛 丙　　　乙 甲
丑 午 丑 午 남자　巳 辰

- 얼핏 보면 丙火가 강해 보이나 木이 없어 허한 불이고 강한 辛丑에 합거되고 설기된다. 더구나 약해진 丙을 일간 壬이 노리고 있다.
- 丙은 부친이고 처다. 癸대운에 부친이 뇌출혈로 쓰러져 7년 뒤에 별세하셨다. 약한 丙을 癸가 쳤기 때문이다. 丙丁火가 水의 극을 받을 때는 추락사고도 많고 혈관이나 뇌혈관 계통에 탈이 나기 쉽다.
- 甲대운에 丙이 甲의 生助를 받아 결혼했으나 辰대운에 丙이 辰에 설기되어 이혼했다. 乙대운에 재혼했으나 갈등이 심하다. 丙午火들이 허하고 설기가 심한 탓도 있지만 丑午 귀문 원진살이 중첩된 이 남자의 성격이 오죽 이상하겠는가?

丙　壬　辛　癸

　午　辰　酉　酉　남자

- 丙午는 강해 보이나 木이 없어 허하고 丙辛合去되고 壬癸의
  극을 받으니 헛불이다.
- 丙은 부친인데 부친인 丙에서 보면 辛이 돈이다. 돈과 합하면
  丙은 酉 死地로 끌려간다. 부친이 사업하다가 망한 후 술로
  세월을 보내고 있다.
- 丙이 합하고 있는 酉는 앞에 三水변을 붙이면 술酒자로 변한
  다. 술독을 끌어안고 있는 형상이다. 물상법이다.

丁壬合

34

庚 壬 丁 壬　　　癸

戌 子 未 子 여자　卯

- 未가 남편이고 丁은 남편의 표출신이다. 쟁합을 하고 있어 나
  는 후처다. 남편의 표출신이 재성이니 돈이 많은 줄 알고 돈
  을 보고 결혼했으나 丁은 아주 약하니 무기력하고 돈도 없는
  남편이라 실망하고 불화가극심하다. 癸대운에 癸가 丁을 극하
  니 이혼 욕구가 높아졌다.
- 두 개의 壬子가 丁을 끌어다가 子 절지로 가게 하니 남편은
  어느 여자와도 해로하기 어렵다. 나의 일지는 남편 표출신 丁
  의 절지다. 남편을 번성시키기는 커녕 해로하기도 힘들다.

28

壬 癸 丁 壬　　　甲

戌 亥 未 子 여자　辰

- 戌중의 戊가 남편이고 戌 중에 같이 기궁하고 있는 丁이 월간에 솟아 남편의 표출신이다. 丁은 壬子와 대등한 세력을 가졌지만 日時干의 壬癸의 극으로 인해 쉽게 合去되어 버린다.
- 辰대운에 丁의 본거지인 戌이 충받아 부부사별했다. 戌未의 刑을 막고 있는 亥가 辰대운에 입고되니 戌未형이 일어난 탓도 있다. 그래서 남편이 급사를 했다.

癸 壬 癸 丁
卯 寅 丑 酉 남자

- 丁은 약하고 癸의 극을 받으며 丁壬合으로 寅 사지로 끌려간다. 이런 경우는 이혼보다 사별이 잘 일어난다. 첫 부인과 사별하고 후처와 동거 중이다.
- 년주와 월주는 서로 4급 소용돌이가 있어 부부운이 불길하다.
- 癸는 여형제인데 丑중의 癸도 있어 셋이 있는데 다들 이 남자의 돈을 뜯어가기 바쁘다.

壬 丙 丁 辛
辰 子 酉 卯 남자

- 壬辰과 丙子는 서로 4급의 가장 센 소용돌이 속에 있다. 4, 1, 2, 3의 순으로 세다. 5, 6은 작용력이 미미하다.
- 일간 丙이 무근하고 壬의 극이 있고 辛과 합거되니 종살격이고 일지에서 올라간 壬이 일간을 대행하는 일간대행격 즉 水体局이다. 壬이 일간이 되면 丙과 丁은 배우자다. 순서대로 해서 丙은 첫 아내인데 사별했고 후처인 丁과는 아주 잘 지내고 있다. 壬辰과 丁酉는 천간지합하고 있다.

37 27

甲	乙	壬	丁			丙	乙
申	卯	子	未	여자		辰	卯

- 정관인 申이 남편이고 壬은 남편의 표출신이다. 壬은 甲乙卯木 들로 인해 설기가 심해서 丁未에 쉽게 합거된다. 卯대운은 남편 표출신인 壬의 死地라 부부사별하고 식당을 하며 살아간다.
- 丙대운이 오자 겨울 난초가 꽃을 피우려 한다. 丙은 꽃이고 乙은 子月의 난초다. 丙은 상관이라 성욕의 분출인데 시집 못 가 안달이 났다. 재혼하지 말고 그냥 애인이나 정해놓고 살라고 했더니 화를 버럭 내더니 두 번 다시 오지 않았다. 申은 甲이 타고 있어 남의 남자니 유부남 애인을 두고 살 팔자다. 재혼해도 비슷한 상황이 반복될 뿐이다.

壬 丁 丁 壬

寅 卯 未 寅　　　　남자

- 壬이 丁보다 약해 합거되고 卯는 壬의 사지다. 日支가 사지이면 영향력이 더 크다. 壬은 자식이라 장남이 손에 장애가 크다. 이 사주는 丁壬合化木格 사주다. 木이 왕하니 火로 설기해야 한다. 火는 合木에서 보면 食傷이라 자동차 기술자다. 이 사주도 木体局이라 할 수 있다.

辛 丁 乙 壬

亥 卯 巳 辰

- 壬은 辰 고장지 위에 있고 약하지 않은 丁에 합거되어 卯 사지로 끌려간다. 첫 남편은 승려였는데 자식도 없이 헤어졌다. 亥 또한 亥卯合으로 약한데다가 사지인 卯를 옆에 두고 있어 허약하다. 두 번째 남자는 별 능력이 없는 유부남인데 오랜 세월 내놓고 사귀고 있다.

戊癸合

戊 癸 戊 庚
午 未 子 子 여자

- 건록격 사주이고 官과 합하고 있어 지방직 5급 공무원이다. 월간의 戊는 子子와 명암합이 심하고 庚에게 설기되며 강한 일간에 의해 합거되니 이혼한 첫 남편이다. 이혼 사유는 남편의 바람인데 子子로 두 번의 합이 있어 두 번 바람 끝에 헤어졌다.

- 시주의 戊午는 재혼남편이다. 보통 여성들이 이혼할 때 자식을 데리고 오는데 이 여성은 두 아들을 두고 왔다. 특히 남자가 바람피워 헤어질 때는 '저런 인간에게 자식을 어찌 맡기리' 하며 데리고 오지만 이 여성은 데리고 오지 않았다. 이유가 뭘까?

- 未중의 乙이 자식인데 입고되어 답답하고 午未합으로 인해 타죽을 지경이라 子水를 깔고 있는 부친에게 기대야 살 수 있다. 목마른 乙木이 물을 찾은 것이다.

癸 己 戊 丁
酉 卯 申 酉 여자

- 戊는 무근하고 申酉金을 많이 만나 설기 심하니 癸보다 약하다. 癸와 합하여 합거되고 酉 死地로 끌려간다.
- 戊는 언니나 오빠인데 언니는 세 살 때 죽었고 오빠는 결혼 후 이내 알 수 없는 병으로 불구가 되었다. 戊가 합사되었기 때문이다. 오빠인 戊의 입장에서 보면 癸는 처인데(이 여성의 올케) 오빠와 처와 합하면서 즉 결혼하면 合死가 일어난다는 말이다.

丁 癸 戊 丁
巳 酉 申 酉 남자

- 巳酉 半金局으로 戊는 더욱 무근해지고 강한 癸에 의해 합거되고 酉 사지로 끌려간다. 戊는 자식이다.
- 년간의 丁이 첫 부인인데 甲대운에 甲이 戊를 치니 戊癸의 합이 깨져 처가 자식을 데리고 미국으로 도망가는 바람에 영이별했다. 戊는 合神이라 처로 볼 수 있다.
- 辰대운에 辰酉의 합으로 재혼했으나 여전히 심한 불화 속에 살아간다.

- 일주와 시지에 4급 소용돌이가 있고 년월주끼리도 1급의 소용돌이가 있어 인생행로가 순탄치 못하고 성격도 다혈질이고 걷잡을 수 없으니 삶도 고달파진다. 성격이 운명을 만든다고도 할 수 있겠다.

14

甲 甲 癸 戊　　　乙

子 申 亥 辰 남자　　丑

- 癸는 강하고 戊는 약하니 戊가 合去된다. 戊는 부친이라 일찍 별세하셨다.
- 乙대운 18세 乙酉년(2005) 乙이 약한 戊를 극하고 세운지 酉가 戊의 사지이고 辰酉合으로 戊의 약한 뿌리 辰이 金化되어 사별했다.

辛 癸 甲 戊

酉 巳 子 子 남자

- 戊는 약하고 癸는 강하니 戊가 합거된다. 巳酉 半金局으로 戊의 뿌리가 상실되었다.

- 巳는 처이고 戊는 처의 표출신이자 자식이다. 甲이 약한 戊를 거듭 치는데 甲은 상관이라 나의 언행이다. 거친 언행으로 처와 하나밖에 없는 자식인 딸에게 깊은 상처를 준다. 처자식은 고통 속에 살아간다.
- 子酉 귀문살이 중첩되니 분별력이 부족하고 반쯤 미친 듯한 기질이 있다.

壬 癸 甲 戊
子 酉 子 子 남자

- 위의 사주와 비슷하다. 재성이 없으니 합신인 戊를 처로 본다. 戊는 戊癸合으로 합거되고 강한 甲木에 얻어맞으니 부부 불화가 심하다.
- 甲 상관으로 戊를 치니 독설과 험구로 처를 괴롭힌다. 귀문살이 중첩되니 참으로 예민하고 이해 못할 성격의 소유자다.
- 戊는 도화 위에 있고 山그림자가 물 위에 비치는 상이라 山明水秀라 할 수 있다. 처가 대단한 미모이고 현처이다. 부인이 독실한 천주교 신자라 신앙에 의지하며 참고 살아간다.
- 부인인 戊에서 보면 酉가 자식이다. 아들만 둘이다.

甲 戊 癸 丁

寅 戌 丑 酉 여자

- 金局과 火局이 혼국되어 있다. 인생 여정이 순탄치 않다.
- 합신인 癸가 첫 남편이고 甲寅이 재혼남편이다. 癸는 酉丑 반 금국에 의지하여 합거되지 않으려고 버티지만 辰대운에 丑辰 破와 辰戌충으로 合去와 入庫가 한꺼번에 일어나 이혼했다. 癸는 丁 쪽으로 네 단계 가고 酉는 丑으로 네 단계 가니 4급 소용돌이가 일어나 이별을 예상할 수 있다. 일주와 시주 사이 도 4급 소용돌이가 있어 성질이 대단하다.
- 재혼남과는 오랫동안 비교적 원만하게 해로하고 있다.
- 癸와 합하고 癸는 상관에서 생조를 받으니 돈을 합하기 위해 문서 보따리를 입에 물고 뛰는 형상이라 보험설계로 돈을 많 이 벌었다. 그래서 더욱 거만하다.

33

癸 戊 丁 己   辛

丑 申 卯 亥 여자   未

- 正財用印格 사주다. 卯未木局으로 관살이 혼잡되고 합신인 癸가 천간에 또 있어 해로하기 어렵다.

- 합신인 癸는 戊와 합하여 申 사지에 끌려온다. 申은 癸의 뿌리가 되어주는 것이 아니고 死神으로 작용한다.
- 未대운에 丑未충하여 戊癸합이 깨질 때 가장 위험하다. 합이 깨지니 合去 合死 등이 일어난다. 未대운에 이혼하고 이내 남편이 사망했다.

乙 戊 甲 癸
卯 戌 寅 巳 남자

- 癸가 약해서 쉽게 合去되고 甲이 있어 戊癸의 합을 깨니 해로가 어렵다. 세 번 결혼한 사주다.
- 첫 부인 癸는 合去에 원진살까지 있어 이혼하고 寅중의 丙이 일지 속의 辛과 합하니 두 번째 부인이고 그 표출신은 甲이다. 재혼 부인의 표출신 甲은 편관이니 거친 성격이라서 또 이혼했다.
- 삼혼부인은 일지와 六合하는 卯이고 乙이 그 표출신이다. 육합하니 순종적이고 서로 잘 맞지만 乙이 忌神이라 큰 도움은 안된다.
- 신약사주에 甲乙이 기신이다. 甲乙은 자식이기도 한데 애물단지가 있고 인연이 멀다. 아들은 이민을 갔고 딸과는 불화가 심한데 딸이 부친인 이 남성에게 칼부림을 해서 경찰이 출동

하기도 했다고 한다.

- 甲乙이 기신이라 직장변동이 잦고 직업운이 부실하다. 현재는 술집을 운영하고 있다. 물장사는 甲乙을 더욱 생조하니 재미가 적을 것이다.

六
合
에
대
하
여

子丑合

子丑합하면 子는 흙탕물이 되면서 흐름이 멈추고 丑도 더욱 뻘흙이 되어 힘이 약해지니 서로 힘이 빠지나 水와 土의 성질은 그대로 지니고 있다.

58

辛 庚 己 戊　　乙
巳 子 未 子 남자　丑

- 土多埋金에 신강하여 子가 설기와 조후를 시키는 용신이다. 가상관격이다. 子가 희신이라 상관이라도 말이 적고 점잖다. 신중한 편이다.

- 丑대운에 子丑합으로 인해 용신인 子가 주춤해진다. 이사직에 올랐다가 목돈만 날리고 이내 밀려났다. 다행히 남은 子가 분발하여 공인중개사 시험에 어렵게 합격하여 개업했으나 재미가 적다.

- 사는 지역이 대전이라 도움이 안된다. 土多埋金이니까. 항구도시인 마산에서 오랫동안 살 때는 한전의 부장까지 올랐으나 대전으로 옮긴 후로는 막힘이 많다. 고향은 전북 부안이고

부산 영도에서 공고를 졸업했다. 물가에 살아야 풀린다.

28

辛 壬 乙 癸   戊

丑 子 丑 丑 여자   辰

- 水旺之節이라 土가 필요하나 丑은 얼어있고 子丑合으로 쓸모가 없어진다. 따라서 남편복이 없다.
- 戊대운에 결혼했으나 남편이 무능하고 바람이 심해(비겁이 왕해) 이혼했다.
- 재혼하고자 연애중이나 해로하기 어렵다. 원래 삼혼지명이고 부부궁이 약하다.

12 2

己 丙 乙 甲   丁 丙

丑 子 亥 寅 남자   丑 子

- 목다화식이라 젖은 나무들이 生火를 못하는 형국이다. 오히려 불이 꺼질 지경이다. 매사에 우유부단하고 결단력이 부족한 성격이다.

- 丑중의 辛이 처인데 亥子丑 水局에 떠내려가는 상이라 마흔이 넘도록 미혼이다.
- 젖은 木인 인수가 病이다. 인수성은 정신력인데 년주와 일주 사이가 2급 소용돌이라 간질병이 있었다. 丁대운까지 질병이 있었고 丑대운에 간질이 완전히 다 나았다. 己丑이 용신인데 용신이 좀 강해졌기 때문이다.

辛 壬 甲 癸
丑 子 子 巳 여자

- 子丑합으로 흙탕물이 일어난다. 丑이 남편인데 불화가 극심하다.
- 辛이 모친이고 辛丑 모친궁이 丑子子로 두 개의 육합이 있어 모친이 재혼하셨다. 辛에서 보면 壬이 상관이라 모친이 입바른 소리를 잘한다. 직선적인 성격이다.
- 월지 子는 모친의 첫 남편이고 나의 씨다른 형제이고 일지의 子는 모친의 재혼남이자 나의 부친이다. 월지보다는 일지가 나와 더 인연이 깊다. 부친은 총각으로서 이혼녀인 나의 모친과 재혼하셨다.
- 아주 먼 옛날의 일인데 모친은 아주 수단이 좋고 기가 세고 사업능력도 뛰어나다. 辛에서 보면 壬子子가 식상이니 활동적

인 모친이다.

丁 庚 壬 壬　　　戊 丁 丙 乙 甲 癸
丑 子 子 子 남자　午 巳 辰 卯 寅 丑

- 子丑合으로 丑은 庚의 뿌리가 되지 못하고 종아격으로 변했다. 일간에서 올라간 壬이 일간을 대행하는 일간대행격이니 水体局이다. 즉 壬이 나의 일간을 대행한다는 말이다.
- 壬이 일간이 되면 丁은 처다. 약한 丁은 강한 壬에 합거되고 子 절지로 끌려온다. 더구나 처궁인 丁丑은 백호살이다. 십이운성은 일간 위주로만 봐서는 안된다. 이리저리 돌려서도 봐야 한다.
- 결혼과 동시에 처가 결핵에 걸려 고생하고 있다. 별로 차도가 없다. 옛날 같으면 벌써 죽었을 것이다. 이 사주는 처사별하는 사주다. 木火로 흐르는 대운이 약한 丁을 생조하여 존명하고 있는 것 같다.

36 26
丁 甲 乙 癸　　　辛 壬
卯 子 丑 丑 남자　酉 戌

- 겨울의 凍土인 丑은 도움이 되지 못한다. 더구나 丑에서 솟은 癸는 처의 표출신인데 사주를 더욱 한습하고 신강하게 한다. 子丑合이 둘이니 재혼지명이다.
- 戌대운초에 丑戌형으로 丑이 하나 없어져 처궁이 맑아져 결혼했다가 딸 하나 얻은 후 이내 이혼했다. 丑戌형이 한 번에 그치지 않고 진행되었기 때문이다.
- 辛대운에 丑 처궁에서 솟은 辛이 乙겁재(경쟁자)를 쳐주니 재혼했다. 이 남성은 바람기도 많다. 丁상관이 희신이라 철도청 기술직 공무원이다.

寅亥合

　寅亥合이 되면 寅중의 甲만 강해지고 寅중의 戊와 丙은 亥가 絶
地라서 죽는 것과 마찬가지다. 亥는 나무를 생산하다 破되니 사라
진다. 자세히 잘 살펴야 한다. 얼렁뚱땅 넘어가면 중요한 많은 것
들을 놓치게 된다.

　　甲 癸 戊 丙
　　寅 亥 戌 午 남자

- 寅亥合으로 亥가 破되어 일간이 무근해지고 戊癸合化火格이
  되었다. 水生木 木生火로 최종자가 火다. 亥가 破되고 戌의 극
  을 받아 형제가 요절했다.

　　丁 乙 丙 己
　　亥 亥 寅 亥 여자

- 월지 寅木은 강하다. 亥水의 생조가 많아 아주 크게 자라고 있다. 亥는 모친인데 부친이 세 번 결혼하셨다. 년지의 亥는 나의 모친이고 나와 형제(寅)들을 많이 낳은 후 내 나이 십대 때 돌아가시고 일지의 亥는 계모인데 얼마 살지 않고 가 버렸다. 시골살림이 넉넉지 않은데다 애들도 우글거리니 갔다. 時支의 亥는 수십 년째 살고 있는 세 번째 엄마인 계모다. 寅으로부터 멀어서인지 破가 되지 않는 모양이다.

- 이 명조는 관성이 없다. 그렇지만 시의원까지 지내고 조경업을 크게 하는 능력 있는 남편이 있고 자식도 다섯이나 된다. 일지와 六合하는 寅이 남편이다. 寅은 초봄의 남자인 셈이라 두 살이나 연하인 남편과 사이좋게 잘 살고 있다. 丙丁火가 용신이니 자식들도 많고 다들 착실하고 특출하다. 寅에 亥로써 물 주고 丙丁火로 꽃 피우니 조경업으로 부자가 되었다.

11

```
庚 乙 庚 丙        壬
寅 亥 寅 戌 남자   辰
```

- 亥가 이중으로 육합되어 破가 되니 모친이 단명하셨다. 辰대운에 亥가 입고되어 사별하고 인수성이 입고되니 대학 진학도 좌절되었다.

- 庚은 亥를 생조할 수 없다. 同柱에 있지 않으니 작용력이 미미하다.

26

己 壬 丁 庚   甲

酉 寅 亥 申 여자   申

- 寅亥合으로 인해 寅중의 戊土 부친은 하는 일마다 막힘이 많고 무능력했는데 甲대운에 갑자기 활짝 피다가 庚辛에 극되어 급사하고 말았다. 甲대운은 부친이 같이 기궁하고 있는 寅중의 甲이 솟은 것이니 부친의 투출신이다. 부친 투출신인 甲이 庚申에 극되고 대운지 申은 부친궁인 寅을 충하니 天沖地沖된 셈이다.

- 이 여성은 깜짝 놀라 한동안 말을 잇지 못했다. 무능했던 부친이 갑자기 능력발휘를 하다가 돌아가시지 않았냐고 물었더니 탄복을 했다. 별것 아닌 기초이론만으로도 이렇게 귀신같은 소리를 할 수 있다. 그러니 비법 찾아 헤매시지 말고 이 책으로 익히고 또 익혀 주시기 바란다.

- 필자의 첫 저서인 『易의 향기』를 읽은 독자들이 전화로 정통명리학이 아닌 것 같다는 말들을 더러 했다. 이게 왜 정통명리학이 아닌가? 기초부터 하나하나 잘 살피면 그것이 비법이지 비법이 따로 있는가? 중요한 건 다 놓치고 자꾸 산너머의

무지개를 잡으려 하는 것 같다.

46 36 26 16

己 丙 丙 丁 　　辛 壬 癸 甲

亥 寅 午 酉 남자　丑 寅 卯 辰

- 酉金을 두고 군비쟁재가 심하니 亥水로 제압해야 한다. 그런데 亥가 파되어 중년에 위험이 도사리고 있다. 時는 중년부터의 운이다.

- 癸대운에 비겁이 좀 억제되어 경쟁력이 생기니 세무공무원으로 나갔다. 酉와 亥는 다 천을귀인이라 부부 사이도 좋고 좋은 직장에 다니지만 酉는 쟁재가 심하고 亥는 破가 되니 흠이다.

- 辛대운에 군비쟁재가 일어나니 네 명의 사기꾼들이 공모한 사기사건에 휘말리고 丑대운은 상관대운이라 직업상의 애로고 관재구설이라 직위 해제되고 구치소에서 여러 달째 재판을 기다리고 있다. 달아난 한 명의 사기꾼 때문에 구치소에서 나오지 못하고 고생하고 있었다.

- 군비쟁재가 되니 설상가상으로 처가 유방암 수술을 받아 생명의 위험에 놓이게 되었다. 丑대운 丙戌년의 일이다. 丑대운지와 戌 세운지가 거듭 亥를 극한다. 형벌을 받았을 것이고 처도 죽었을 것이다. 좋은 결과가 오지 않을 것 같다고 했더

니 그 부인이 자기 남편은 결백하다며 울고불고 원망에 찬 말들을 쏟아내더니 그 후 오지 않아서 결과는 모른다. 그렇다고 양심을 속이고 좋은 말로 갖다 바를 수는 없지 않은가?

己 丙 戊 乙
亥 寅 寅 酉 여자

- 남편인 亥가 거듭 破가 되니 남편이 60대 중반에 우울증으로 목을 매고 죽었다. 남편은 연희전문까지 나왔지만 평생 무기력했고 경비를 했고 이 여성은 초등교사다.

卯戌合

卯戌合이 있으면

1. 습목인 卯는 死木이 된다.
2. 토끼가 들개에게 먹히는 상
3. 들풀이 아궁이에 들어가는 상
4. 卯는 戌에 入墓된다. 卯가 없어지거나 약해진다.
5. 戌중의 辛은 火에 극되어 못쓰게 된다.
6. 戌土도 燥土가 되어 금이 가고 약해진다.

31

乙 戌 乙 壬　　　辛

卯 戌 巳 子 여자　丑

- 乙卯가 남편이다. 卯戌로 합하고 있을 때는 유지가 되지만 합이 깨지면 卯는 戌에 입묘되고 타버린다. 戌중의 辛이 卯戌합으로 녹아 무자식이다.
- 丑대운에 丑戌刑으로 卯戌의 합이 깨져 위험한데 戌子년을

만나 子卯 음형살로 卯를 더욱 압박한다. 戊子년은 乙卯 남편성과 3급 소용돌이까지 일어나니 남편이 뺑소니차에 치어 세상을 뜨고 말았다. 평소에도 불화가 극심하여 이혼을 입에 달고 살던 부부다. 남편은 제주도 사람인데 섬에서 그대로 살았으면 水의 생조를 받아 단명하지 않았을 수도 있다. 하필 부산에서 살다가 단명한 것이다. 釜山의 山은 戌과 같지 않은가?

• 卯戌합을 예사로 보면 부부간에 사이가 좋다라고 말하기 쉽지만 합은 세심하게 살펴야 한다. 合에서 세상 모든 사물이 나오지 않는가? 이것이 合派이론이다.

43

| 丙 | 戊 | 辛 | 辛 | | 丙 |
| 辰 | 戌 | 卯 | 丑 | 남자 | 戌 |

• 앞 여성의 남편 사주다. 卯는 辛에 눌려 있고 戌에 入墓되니 무자식이다. 卯가 용신이지만 상처투성이인 卯는 卯戌합으로 더욱 약해지니 위험을 내포하고 있다.

• 辰戌충이 유발되는 戌대운 戊子년 객사했다. 辰戌충으로 卯戌의 합이 깨져 卯가 戌에 入墓하니 저세상 사람이 되었다.

甲 戊 乙 戊
子 戌 卯 戌 여자

- 정관인 乙卯가 남편이다. 양쪽으로 戊戌과 합하고 있고 또한 입묘되어 있다. 乙卯는 이미 과거가 있는 남편이거나 바람둥이 남편일 것이다. 년주의 戊戌은 남편의 첫 아내이거나 아니면 나와 이별후 만날 여자이다.
- 乙卯 남편이 卯戌의 합이 많아 바람둥이라 이 여성과 이혼하고 남편이 재혼했다. 년주는 남편의 후처다.
- 년지 속의 辛은 남편의 후처 소생 자식이고 일지 속의 辛은 남편과 나 사이의 자식이다. 卯戌의 합으로 戌중의 辛이 녹으니 이 여성은 아들과 아예 인연이 끊겼고 후처가 낳은 자식은 죽었다. 오행의 이치가 이러하니 참으로 두렵다.

壬 戊 乙 戊
戌 子 卯 戌 여자

- 乙卯는 첫 남편이고 년주와는 합하고 일주와는 子卯 음형살이라 合이 좋지 못하다. 남편인 乙卯가 戊戌에 입묘하니 남편이 바람꾼이거나 도박꾼인 형상이다. 남편의 도박 때문에 이혼했다.

- 일지의 子는 재성이지만 일간과 명암합하니 9살 연하의 유부
  남이다. 財가 애인이니 아내 같은 애인이라 연하남이고 나를
  남편처럼 여기는 의지가 약한 남자다. 이 여성이 본남편과 이
  혼하기 전부터 사귀던 남자다. 묘한 것은 이 남자의 본처가
  이 여성이 자기 남편의 애인이라는 것을 알면서도 이 여성을
  의지하고 두 여성이 사이가 좋다는 것이다. 대소사를 의논한
  다고 했다. 별일이고 일종의 변태성인 것 같다.
- 子와 卯가 음형살이니 이 남자 때문에 이혼한 측면도 있는 것 같다.

乙 癸 甲 甲
卯 卯 戌 辰 여자

- 정관인 戌이 남편인데 卯戌의 합이 거듭되어 약해져 있는 것
  을 다시 辰이 치니 좋은 인연은 아니다. 딸을 하나 낳은 후 이
  혼했다.

丙 乙 癸 辛
戌 卯 巳 卯 남자

- 戌이 처다. 卯戌이 合도 되고 入墓도 되니 서로 지지 않으려

불화가 잦다. 끝내 이 남성이 중년에 목을 매고 죽었다.

丙 乙 癸 辛

戌 卯 巳 亥 남자

• 앞장의 사주와 거의 같다. 戌이 처고 역시 불화가 극심하다.
  황혼이혼하거나 사별할 팔자다.

辰酉合

辰酉의 합이 일어나면 辰중의 戊는 죽는다. 酉가 사지이고 설기가 심해지기 때문이다. 辰중의 乙도 酉가 절지라 氣가 끊어진다. 酉는 더 강해지고 癸도 合金의 생조를 받아 살아난다. 辰중에 입고되었다가 벗어난다.

6

丁 辛 壬 丙 　 　 辛

酉 酉 辰 申 여자 卯

- 辰이 모친이다. 申辰 半水局으로 약해지고 辰酉합이 거듭되니 死地에 이른다. 합하는 것이 풀리는 운이 위험하다.
- 卯대운에 卯酉충하니 辰酉합이 풀려서 사지가 발동해 모친과 사별했다.
- 합을 하고 있을 때는 그런대로 봐주지만 합이 풀리면 관계가 악화되고 인정사정 없어진다.

辛 戊 丙 己   辛 壬

酉 辰 子 酉 남자   酉 申

- 가뜩이나 약한 일간이 辰酉합으로 무근해졌다. 丙은 희신이지만 辛酉와 합해서 사지로 끌려가니 도움이 안된다. 丙인수는 정신력인데 분별력이 약하고 주색에 빠져 있다. 辛酉는 술단지다. 酒자와 마찬가지라고 보는 것이 물상법상의 견해다.
- 귀문살이 거듭되니 술 마시면 심한 주벽이 있다. 반쯤 미치광이처럼 살아간다. 아내인 子를 일지가 입고시키니 술 마시면 마구 폭행한다.
- 이혼과 재결합, 별거를 반복하다가 끝내 이 남성이 어떤 여자에게 푹 빠져서 본처와 영 이혼하고 말았다.
- 壬대운부터 심해졌는데 壬이 丙을 극해서 더욱 분별력이 상실되었기 때문이다.

7

己 丁 丙 戊   乙

酉 巳 辰 午 여자   卯

- 巳중의 庚이 부친이고 辰중 乙이 모친이다. 부모 사이에 辰巳

지라살이 있어 불화 끝에 부모가 이혼했다. 卯대운에 卯酉충
으로 극심한 불화 끝에 갈라섰다.

내가 물었다. "혹시 모친이 재혼을 하셨나요?"

"예…"

"그런데 재혼후 모친이 몸이 몹시 나빠지시거나 단명하시지는 않
았나요? 두 분이 사이는 좋았던 것 같은데…"

"아니 그런 것도 사주에 나오나요? 엄마가 재혼후 암으로 돌아가
셨어요. 엄마야 세상에."

- 乙과 합하는 酉중의 庚이 의붓아버지다. 辰酉합이니 사이는
  좋지만 乙이 절지에 놓인다. 통변은 별것이 아니다. 기본에 충
  실하게 질러라.

乙 庚 壬 庚
酉 辰 午 子 여자

- 辰酉합으로 辰의 기가 끊어지니 모친이 50대에 돌아가셨다.

乙 庚 庚 丙
酉 辰 子 戌 남자

- 乙은 부친성이고 처도 된다. 乙의 뿌리는 辰에 있는데 辰酉로 합하여 뿌리가 약해진다. 시간의 乙도 酉절지에 있고 辰도 辰酉합으로 사라진다.
- 부친은 다리가 불구이고 처도 다리를 크게 다쳐 큰 흉터가 있다. 부친은 단명하셨고 처는 늘 골골거린다.

巳申合

　巳申합은 지장간끼리의 전투가 치열하니 合刑破라고도 한다. 巳
중의 丙은 申중의 壬이 치고 庚은 장생지가 刑되니 氣가 빠지고 巳
중의 戊도 刑되고 설기되어 기운이 약해진다. 치열한 경쟁 끝에 申
중의 壬水만이 살아남는다.

　　丙　丙　辛　乙
　　申　申　巳　未　여자

- 일주와 天干支合하고 있는 辛巳는 배우자기도 하고(관성이 뚜렷하지 않
  을 때는 합신이 배우자다), 辛 財와 巳 祿이 있어 직장이나 일터이기도
  하다.
- 천간은 合하고 지지는 刑하니 빛좋은 개살구다. 직장생활이 싫
  어서 일찍 명퇴했고 사무실을 내어서 업을 하니 진상손님이 더
  러 애를 먹인다. 사무실을 접고 주택을 지어서 집에서 하니 조
  용해졌다.
- 이런 사주 구조는 돈벌이 나가면 시끄러워진다. 안방장사처럼

집에서 하는 것이 좋다.

- 辛巳와 刑合하니 남편애로가 많다. 巳가 刑合되니 죽은 형제가 많다.

　　戊 丁 甲 戊
　　申 巳 寅 戌　여자

- 일간과 명암합하는 申중의 壬이 남편이다. 巳申형합이니 억지로 합하고 있는 형상이다. 심한 불화 속에 지내다가 사별했다.
- 壬이 기궁하는 申 전체를 남편성으로 본다. 일지와 六合도 했으니까.
- 巳는 남편의 본처이다. 巳중의 丙 다음에 丁이라 나는 남편의 첩이다. 유부남인 줄 모르고 속아서 결혼식도 올리고 아들을 둘이나 낳았다. 그 사실을 아는 순간부터 심한 불화 속에 살았다.

　　丁 丙 甲 乙
　　酉 申 申 巳　여자

- 巳는 약하고 金은 강하니 쉽게 刑合된다. 씨다른 오빠가 요절
  했다. 巳는 도와주려 하나 刑合으로 일간에게 도움이 되지 못
  하고 오히려 나를 속이고 배신하니 이를 기반이라 한다. 배신
  과 이용을 잘 당하고 나 또한 그러하다. 금전관계와 남자관계
  가 엉망이라서 이 여성이 암으로 사망한 후 애도하는 소리보
  다 욕하는 소리가 더 높았다고 한다.

　乙 己 甲 乙
　丑 未 申 巳 남자

- 부친 壬이 기궁하는 申과 육합하는 巳는 부친의 전처인데 형
  합하니 이별했다. 未중의 丁이 나의 모친이다. 나는 후처소생
  이다.
- 丁은 나의 일지에서 뿌리가 되고 부친인 壬과 합하니 나의 모
  친이다.

　丁 丙 庚 癸
　酉 申 申 巳 남자

- 巳가 강한 申에 형합되니 일간이 무근해져 종재격이다. 巳申

형합으로 형제덕이 없고 대인관계가 원만치 못하다. 직장에서
왕따 당한다고 자주 눈물을 보인다. 巳는 도와주는 척 하다
가 배신하는 친구나 형제다.

- 원래 종재격은 인수와 비겁이 忌神이니 반드시 인연이 나빠지
  는 모친과 형제가 있다. 도움이 안된다 싶으면 부모형제라도
  가차없이 잘라버리는 기질이 있다. 오직 돈과 여자에 따르는
  사주니까. 애처가다.

6

己 癸 壬 己　　　癸
未 丑 申 巳 여자　酉

- 巳가 부친인데 申에게 형합되고 酉대운에 死地를 만나고 巳酉
  丑 金局이 되어 巳가 사라진다. 酉대운에 부친과 사별했다.

丁 戊 辛 乙
巳 申 巳 丑 남자

- 월지 巳가 생모이고 시주의 丁巳가 계모다. 월지 巳는 巳丑 半
  金局과 巳申 형합으로 사라진다. 부모가 이혼했다. 모친 巳는

丑중의 辛과 합하니 辛이 의붓아버지다. 부모가 다 재혼했다

- 년주와 월주 일주에 거듭 3, 4급의 소용돌이가 있으니 성장과정이 순탄치 못했고 멀리 날아가는 형상이라 호주에 가서 행방불명이 되어 생모가 애를 태우고 있다.

午未合

午未가 합하면 火는 더 강해지나 乙은 타서 무용지물이 된다. 己는 燥土라 生木도 生金도 안된다. 오직 火만 강해질 뿐이다.

　　丙　丙　辛　乙
　　申　申　巳　未 여자

- 부친인 申과 합하는 乙이 모친인데 巳午未 방합 위에 있어 木이 탄다. 未중의 乙도 년간 乙의 뿌리가 되지 못하고 巳午未火局에 탄다. 巳와 未 사이에는 午가 협공되어 있다.
- 乙이 이렇게 목이 마르다 보니 모친이 술꾼이고 주정이 심했다. 부끄러운 모친이었다. 乙未 백호라 성격도 제멋대로였다.

　　戊　癸　戊　庚
　　午　未　子　子 여자

- 未중의 乙이 자식이고 아들만 둘이다. 이혼할 때 두고 나와 그후 소식이 없고 인연이 끊겼다.
- 乙은 午未합으로 다 타 버리니 나와는 인연이 없고 첫 남편 월간 戊 밑에 있는 子水를 따라가야 자식들이 살 수 있다.
- 이 여성이 능력이 없는 것도 아니고 지방직 5급인데 자식에게는 情이 없고 여러 남자를 거치다가 타향에 있는 공무원과 재혼했다.

三合에 대하여

寅午戌 火局

　寅午戌 삼합은 오로지 火를 만들기 위한 합이라 寅의 희생이 따른다. 寅은 午가 死地라 타서 사라진다. 寅은 마른 장작이고 戌은 화로이니 다 타고나면 寅은 사라지고 戌도 燥土가 되어 금이 가고 약해진다.

16

乙 庚 庚 壬　　　戊

酉 寅 戌 子 여자　申

- 寅과 戌 사이에 숨은 午가 있어 사실상 3합이다. 寅이 타서 사라지니 부친을 일찍 여읠 사주다. 酉대운 9살 庚戌년에 월간의 겁재 庚이 대운지에서 酉 양인을 얻고 寅酉로 겁살까지 하니 부친과 사별했다.
- 寅午戌로 火局을 이루니 관살이 혼잡되어 재혼지명이다. 財로써 火局을 만드니 내가 벌어 먹여 살려야 한다. 재혼후 연하남편과 시집 식구를 내가 벌어 먹여 살린다. 백화점 점원

이다.

2

```
甲 庚 庚 丙        己
申 子 寅 午 여자   丑
```

- 寅이 부친이고 時干의 甲은 寅에서 올라온 부친의 표출신이
  다. 甲은 두 개의 庚을 보고 있다. 부친인 甲에서 보면 庚들은
  편관칠살이다. 더구나 일시주 사이에는 4급의 소용돌이가 돌
  고 있어 殺父之命이다.

- 월지 寅은 寅午 半火局으로 타고 있고 부친의 표출신인 甲은
  庚의 극을 당해낼 수가 없다. 己대운에 甲己로 합하여 甲이
  합거되니 어린 나이에 부친을 여의었다.

- 甲과 寅은 돈인데 돈이 다 타고 군비쟁재되어 여자인데도 도
  박으로 가산을 다 탕진했다. 얼핏 보면 신강하고 재왕하고 편
  관이 비겁을 제해주고 있어 부자 사주 같아 보이나 자세히 들
  여다봐야 한다.

戌 辛 庚 壬
子 卯 戌 寅 남자

- 寅이 첫 아내지만 寅午戌 火局으로 타서 사라지니 이혼하고 재혼했다. 후처인 卯와도 子卯 음형에 卯戌의 합이라 卯도 불이 붙는다. 불화가 심하고 처가 가출을 반복한다.

41

甲 戌 丙 庚　　辛
子 寅 戌 寅 여자　巳

- 午가 숨어 있어 火局이 거듭 있어 寅이 타고 戌중의 辛도 녹는다. 辛대운에 강한 丙에 辛이 합거되고 대운간 辛이 대운지 巳가 死地라 아들이 죽고 巳대운에 약한 寅에 刑殺까지 가세하여 과부가 되었다.

丁 甲 甲 戌
卯 寅 寅 戌 남자

- 午가 숨어 있어 火局이 두 개나 있다. 寅午는 탕화살이기도

하다. 한 형은 음독자살했고 한 형은 누군가에게 독살당했고 범인은 못 잡았다.

- 甲은 戊를 향해 氣가 흐르고 戊은 寅을 향해 氣가 흐르니 그 간격이 네 칸이라 4급 소용돌이가 깔려 있어 초년에 집안풍파가 심했음을 짐 작할 수 있다. 이 소용돌이 이론은 대만 역술인 하건충의 이론이며 선전이라고 한다.

                        44 34 24 14 4
    乙 甲 戊 丙   癸 甲 乙 丙 丁
    丑 寅 戌 午 여자   巳 午 未 申 酉

- 寅午戌 火局이 뚜렷하다. 寅은 타서 사라지고 乙은 축에 뿌리 내리기 어렵다. 오빠가 요절했다.
- 남편인 戌중의 辛이 녹는다. 늦도록 미혼이다. 午대운까지는 결혼이 어렵겠다.
- 일주를 사이에 두고 월주와는 4급 시주와는 1급의 소용돌이가 있으니 인생여정이 결코 순탄할 수가 없다. 돈도 없고 하루하루 어렵게 지내고 있다.

庚 己 庚 壬

午 亥 戌 寅 남자

- 寅과 戌 사이에 午가 숨어 있고 시지에도 午가 있어 火局으로
  寅이 탄다. 亥는 寅에 도움이 되지 못한다. 자식이 타는 형상
  이라 이 남성의 정자 수가 부족해서 무자식이다.

亥卯未 木局

亥卯未 삼합하면 오로지 木을 키우기 위해 亥는 나무 속에 빨려 들어 사라진다. 亥에서 보면 卯가 死地이기도 하다. 未도 반 이상 木氣로 변한다. 오직 卯만 강해진다.

```
丁 己 己 辛
卯 卯 亥 卯  남자
```

- 월지의 亥가 거듭 卯를 만나 木局으로 변하면서 亥는 사라진다. 卯는 자식이니 자식 낳다가 처가 産亡하거나 자식이 생긴 후 이별할 수도 있는 사주다.
- 자식을 낳을 때마다 난산이나 수술이고 옛날이면 처가 죽었을 것이다. 아들 하나 딸 하나 낳은 후 바로 바람이 나서 미치광이처럼 날뛰다가 이혼하고 바람 피운 여자를 후처로 삼아 삼십 년 넘게 살고 있다.
- 첩이 아들 둘을 데리고 오니 자식이 모두 넷이다. 木局이라 남의 자식까지 거두고 살아왔다. 본인의 자식은 다 쫓아냈다.

학비 드는 것이 아까워서…. 첩의 자식은 공부시키고 장가까지 들여주었다.

• 강한 편관에 亥가 더하니 술만 마시면 뻑 돌아버린다. 초등교사였다.

乙 戊 乙 辛

卯 戌 未 亥 여자

• 木局으로 亥가 사라지니 부모가 이혼하는 바람에 10살 때 부친과 영이별했다.

辛 丁 乙 壬

亥 卯 巳 辰 여자

• 壬이나 亥가 남편성인데 壬은 일간과 합하여 사지로 가고 고장지 위에 놓여 있어 이별할 남편이다. 첫 남편은 자식 없이 헤어졌다. 시지의 亥도 卯 사지를 보고 있어 재혼은 하지 않고 내연관계의 남자들은 있다.

• 일주가 월주와는 2급 시주와는 4급의 소용돌이가 있어 순탄치 않은 삶이다.

34

己 乙 癸 乙　　　　己

卯 亥 未 巳 남자　　卯

- 亥卯未 삼합하니 亥는 사라지고 癸도 백호이고 無根하며 년월 주 간에 2급 소용돌이가 있다. 모친덕이 부족함과 초년 집안 풍파를 짐작할 수 있다.
- 모친이 11년간 중풍으로 누웠다 己卯대운에 별세하셨다. 대운지 卯는 모친인 亥에서 보면 死地이다. 대운간 己는 월간의 癸를 극 한다.

己 乙 辛 甲

卯 亥 未 辰 남자

- 木局으로 亥가 사라지니 모친이 단명하시고 계모와 이복형제 사이에서 자랐다. 년월주끼리 3급 소용돌이가 있어 성장과정 이 순탄치 못했음을 짐작할 수 있다.
- 乙이 木局을 만나니 고집이 세고 소용돌이도 있어 폭발성을 지니고 있다. 어려운 환경 속에 의사가 되어 명성도 얻고 돈 도 많으나 성질은 개떡같고 행실도 난잡하다.
- 乙일이 신강하고 時干에 己를 보면 배우자감으로는 부적합하

다고 한다. 칡덩굴처럼 처를 칭칭 감는 형상이라 처가 목매고 죽는 형상이라 주로 자살이 많다. 바람 피우는 주제에 아내를 달달 볶아대니 처가 자식들이 유학하고 있는 해외로 피신해 있다. 처도 의사다.

申子辰 水局

三合하면 申이 떠내려간다. 금침수저도 되고 申이 子를 보면 死地이다. 辰도 흐린 물로 변해가니 약해진다. 오직 子만 왕해진다.

辛 壬 壬 丁   乙
丑 申 子 酉 여자   卯

- 申子 반삼합이고 申이 子 사지를 보니 물은 왕하고 金은 금침 수저된다. 인수성인 申은 떠내려가고 辛도 입고되고 설기 심하여 떠내려간다.
- 卯대운에 辛이 절지에 이르러 모친과 사별했다.

庚 戊 甲 壬
申 子 辰 子 여자

- 申子辰 삼합으로 자식인 庚申이 떠내려가니 무자식이다.

- 土生金 金生水 水生木으로 최종자가 甲이라 종살격이다. 종살격에 식신은 기신이라 더욱 자식 인연이 박하다.

乙 丁 戊 壬
巳 亥 申 子 여자

- 申子 반삼합하고 申중의 庚이 子 사지를 바라보니 申이 왕수에 떠내려간다. 申은 부친인데 5살에 부친과 사별했다.
- 모친인 乙이 巳중의 庚과도 합하니 나는 모친이 바람피워서 낳은 자식이고 모친이 임종하기 전에 고백해서 부친도 모르고 돌아가셨다. 모친의 애인인 나의 생부는 생사조차 모른다고 한다.

46

己 戊 甲 戊　　　己
未 辰 子 申 여자　未

- 三合으로 물이 왕해져 자식인 申이 떠내려간다. 죽은 자식은 아직 없지만 애물단지 아들이 있다. 애를 먹이며 명땜을 하는지도 모른다.

- 년주와 월주 사이에 4급, 년주와 시주끼리 1급의 소용돌이가 잠재되어 있다가 己未 대운에 또 己未가 년주와 1급을 이루니 모든 소용돌이가 한꺼번에 일어난다. 이 아들이 성폭행으로 교도소에 갔고 그 바람에 6천만원이 날아갔다. 水局이 있어서인지 본죽집을 했다.

甲 戌 庚 壬
子 申 戌 寅 여자

- 남편궁인 甲子와 일주가 4급 소용돌이 속에 있다. 후처인데 불화가 심하다.
- 申子로 반삼합하고 申이 사지를 보고 있다. 戌중의 辛도 火局 속에서 녹고 있다. 戌중의 辛은 戌 비견속에 있어 전처자식인데 성장기에 죽었다.
- 火局이 있어 일주가 약하지 않고 재성인 水局을 감당하니 결혼후 재물은 날로 풍족해지고 있다.

辛 丙 壬 壬
卯 申 子 午 여자

- 申부친이 申子 반삼합으로 死地에 이르고 子에서 壬이 두 개
  나 솟으니 死神이 발동했다고 한다. 일찍 부친과 사별했다.

1

甲 甲 甲 庚　　　乙

子 辰 申 寅 남자　酉

- 申子辰 수국으로 申도 辰도 다 떠내려간다. 아버지인 辰이 사
  지에 이르는 酉대운에 辰酉로 합하니 辰이 사라져 사별했다.
  辰이 처이기도 한데 또한 떠내려가니 재혼했고 재혼한 처도
  나중에 자식을 데리고 미국으로 도망갔다.
  申이 자식인데 떠내려가니 후처의 딸이 화상으로 5살쯤에 죽었
  다. 처성인 辰이 약하니 여자만 보면 껄떡대는 초등교사였다.

壬 丙 癸 辛

辰 申 巳 亥 남자

- 辰과 申 사이에 子가 숨어있어 삼합이 이루어진다. 申은 떠내
  려가고 辛도 설기가 심하고 巳 사지를 보고 있다. 辰중의 乙
  은 모친인데 역시 水局에 떠내려간다. 부모끼리 이혼을 하고

각자 재혼을 하셨다. 財星이 약한지라 나 역시 이혼과 재결합, 그리고 별거를 반복중이다. 旺水를 생하는 財星도 역시 기신이라 부부인연이 박하다.

- 祿이 충되니 직업운이 부실해 반백수에 반제비족 생활이다.
- 약한 巳지만 그래도 祿에 기대야 할 사주가 丙辛으로 합하여 亥절지로 찾아드니 나쁜 길로 가는 사주다.

癸 庚 壬 甲
未 子 申 辰 남자

- 申子辰 삼합으로 庚이 떠내려가니 형제가 요절하였다.
- 甲이 부친이고 甲과 합하는 未중의 己가 나의 모친이고 甲 밑에 있는 辰이 부친의 첫 부인인데 젊은 시절에 급사하셨고 나는 후처 소생이다. 水局이 되면 辰도 역시 旺水에 떠내려간다.
- 부친과 합하는 글자가 생모인 경우가 대부분이다. 未는 나와 가깝게 있어 인연이 더 진하다. 未중의 乙은 내 아내이고 甲은 애인이다. 甲이 浮木이라 오래 사귀는 여자는 없다.

乙 甲 庚 丙
亥 寅 子 申 여자

- 남편성인 庚이 乙과 합하고 庚의 뿌리인 申은 半水局으로 떠 내려가며 일지에서 솟은 丙이 나의 표출신인데 남편인 庚에게 는 편관칠살이니 해로하기는 어렵다. 일지에서 솟은 것은 영 향력이 더욱 크다. 이혼 후 남편은 이내 재혼했다.
- 남편인 庚에서 보면 일간인 甲은 편재라 애인 같이 보이고 乙 은 정재라 아내 같아 보인다.

巳酉丑 金局

巳酉丑 삼합하면 巳가 사라진다. 金을 제련하고 생산하느라 기운이 다 소진되고 酉는 巳中 丙火의 사지이다. 오직 酉만 더 강해질 뿐이고 丑도 그 성질이 많이 약해진다.

59

```
庚 辛 己 乙        乙
寅 巳 丑 酉  여자   未
```

- 巳酉丑 金局이 뚜렷하니 巳는 사라진다. 巳는 남편이고 시간의 庚은 남편의 표출신이다. 乙대운에 남편표출신 庚이 乙에 합거되어 과부가 되었다.

```
辛 壬 癸 丁
亥 辰 丑 巳
```

- 巳와 丑 사이에 酉가 있어 삼합이 일어나니 巳가 사라진다. 부친이 일찍 돌아가셨다. 부친이 년지에 있으니 십여세 전에 일어나는 일이다. 시지의 亥는 부친 丙火의 絶地이기도 하다.

33 23

```
丁 癸 戊 丁        甲 乙
巳 酉 申 酉 남자    辰 巳
```

- 년월주간에 1급, 일시주간에는 4급의 대형급 태풍들이 깔리니 순탄한 삶은 못 되고 성질도 더럽다.
- 巳대운에 결혼했으나 사지인 酉가 두 개나 있어 이내 불화가 시작되었다. 巳 처궁에서 올라간 戊는 표출신이자 나의 합신이니 처의 기운으로 보면 된다. 甲대운에 甲이 戊를 치니 戊癸의 합이 깨져 처자식을 이별할 운이다. 戊는 자식이자 처의 표출신이다. 처가 자식을 데리고 미국으로 도망가는 바람에 이혼이 되었다.
- 재혼했으나 역시 풍파 속에 살아간다. 성격이 운명을 만들어 간다.

39

```
壬 癸 丁 癸        辛
戌 丑 巳 卯 여자     酉
```

- 酉대운에 巳酉丑 金局이 확실하게 일어나 巳중의 丙과 戊가 힘이 빠진다. 대운지 酉는 丙과 戊의 사지이기도 하다. 酉대운이 오자 戊 남편이 실직을 했고 丙 돈도 새고 丙이 부친과 시모인데 두 분이 한꺼번에 다 돌아가셨다.
- 五行과 氣의 흐름이란 이렇게도 정확하고 무서운 것이다.

33 23

辛	乙	癸	乙		丁	丙
巳	酉	未	巳	여자	亥	戌

- 巳중의 庚이 남편인데 년지와 시지에 거듭 있고 巳酉 반금국으로 관살이 혼잡되며 편관이 투간되어 일간이 극을 받으니 해로하기는 어렵다.
- 丙대운에는 편관을 제거해 주니 부부궁이 맑아져 결혼하였으나 丁대운에 丁이 내 표출신 辛을 극하니 이혼했다. 辛에서 보면 丁은 편관칠살이다. 십이운성이나 육친성은 일간 위주로만 보면 안되고 해당 육친성에서도 봐야 한다.
- 년지 속의 丙은 庚과 같이 있으니 아들이고 未중의 丁은 나의 뿌리인 乙과 함께 있으니 딸이다.
- 亥대운에는 巳亥충으로 巳가 하나 제거되어 부부궁이 맑아져 재혼하여 시지 丙火 아들을 하나 더 출산했다. 모두 2남 1녀

를 출산했다.

- 남편궁인 巳에서 보면 나의 일지가 巳의 사지가 되고 巳중의 丙이 죽으면 庚은 장생지가 끊어진다.

36 6

辛 癸 庚 辛　　　丙 己
酉 巳 子 丑 남자　　申 亥

- 三合으로 사라지는 巳는 부친이고 처다. 亥대운에 巳亥충으로 부친이 돌아가시고 申대운에는 巳申형살로 처에게 질병과 사고가 생겼다.
- 평소 부부불화가 심하다.

8

丙 辛 辛 乙　　　庚
申 酉 巳 亥 남자　　辰

- 巳중의 戊는 모친이고 丙은 그 표출신이다. 巳는 巳酉로 합하면 사지로 가는데 亥가 쳐서 半金局이 되는 것을 보류하고 있다.

- 亥가 손상되는 운에 巳酉의 합이 일어난다. 辰대운에 亥가 辰에 입고되어 역할을 상실하니 巳酉의 합이 일어난다. 어린 나이에 모친과 사별했다.
- 丙은 모친의 표출신인데 두 개의 辛에 의해 합거된다. 이래저래 모친을 일찍 이별할 사주다.

28

甲 乙 癸 乙   庚
申 酉 未 巳   辰

- 巳중의 戊는 첫 아내인데 일지가 巳의 死地다. 巳중의 丙도 戊도 다 사지를 보고 있다. 년월주끼리 2급의 소용돌이가 있어 풍파의 흔적이다.
- 庚대운은 일지에서 올라온 나의 투출신인데 庚이 합신인 일간과 합하니 결혼운이다. 대운지 辰도 재성이라 운에서 들어왔지만 내 처의 기운이라고 봐야 한다. 辰酉로 합하여 辰중 戊가 사라지니 辰중 戊에서 酉는 사지다. 불화 끝에 이혼했다.
- 월지의 未는 재혼부인이다.

43 13

辛 乙 乙 乙　　　庚 丁

巳 酉 酉 巳 여자　　寅 亥

- 巳酉 半金局으로 巳는 사라진다. 巳중의 戊도 사지가 되며 庚
  도 장생지인 巳가 없어져 그 氣가 끊어진다. 巳중의 戊는 부
  친인데 亥대운에 巳亥충으로 沖出되니 乙木들이 쳤고 노출되
  면 死地로 간다. 대운지 亥는 戊의 절지이다.
- 庚寅대운 丁亥년에는 남편과 사별했다. 남편 庚이 巳亥충으로
  충출되어 많은 乙에 의해 합거되고 巳酉合이 풀어져 酉가 巳
  의 死神으로 작용한 것이다.
- 대운간 庚은 巳에서 올라온 남편의 투출신인데 대운지 寅이
  절지다. 자식궁인 巳중의 庚이 남편이다. 자식 속에 있으니까.

34 24 14 4

壬 壬 己 己　　　乙 丙 丁 戊

寅 辰 巳 酉 남자　　丑 寅 卯 辰

- 巳가 처성인데 巳酉合으로 氣가 빠지고 辰巳 지라살에 놓이
  고 많은 土에 설기가 심하니 해로하기 어렵다. 丑대운에 巳酉
  丑 金局이 이루어지니 이혼했다.

- 巳는 부친이기도 하니 辰대운에 巳가 설기가 심해져 사별했다. 時支 속의 丙은 모친의 재혼남편이고 내가 재혼할 처이기도 하다. 모친인 酉는 기가 강하고 남편복이 부족하다. 酉는 丙火들의 사지이다.

14

乙	丁	丙	丁		戊
巳	丑	午	亥	여자	申

- 사주의 庚이 부친이다. 巳와 丑 사이에 酉가 있어 삼합이 일어나 丙火도 꺼지고 庚金도 장생지를 잃게 된다. 부친인 庚과 함께 있던 戊와 丙은 모두 부친의 기운이다. 사주에서 천간에 솟으면 표출신이고 운에서 들어오면 투출신이다.
- 金局이 되면 巳중의 庚이 더 강해지는 것이 아니고 생기가 끊어진다. 오직 酉만 강해질 뿐이다.
- 申대운에 巳申刑으로 巳중의 庚이 충출되어 丙丁火에 군비쟁재되니 부친을 여의었다. 년월주에 비겁이 왕하면 부친덕이 적다.

일간별 사주풀이

<u>甲일간</u>

37　27

```
乙 甲 乙 己          己 戊
亥 午 亥 酉 여자     卯 寅
```

- 초겨울 나무가 水木이 왕해 신강하나 뿌리가 약해 浮木이 될 지경이다. 己와 합하여 가나 酉에 착근할 수 없고 生木은 金을 반기지 않으니 부부불화가 극심하여 별거도 했고 이혼 직전까지 가기도 했다.

- 午는 자식이고 己는 자식의 표출신인데 乙의 극이 심하니 오랫동안 불임이었다. 己대운에 약한 己가 힘을 얻어 어렵게 딸을 하나 얻었다.

- 乙에서는 亥가 사지이고 일간은 사신이 발동한 것이다. 이렇게 死地에서 투출한 글자가 있으면 더 확실해진다. 乙은 남형제라 죽은 남형제가 있나 물었더니 한 오빠는 어릴 때 죽고 다른 오빠는 마당의 우물에 빠져 겨우 살았으나 장애인이라고 했다. 이 여성이 태어난 직후에 생긴 일들이다.

- 오빠와 자주 만날수록 임신이 어려워질 거라고 했더니 집을

나와서 오빠 집에 기거한다고 했다. 빨리 나와서 시모님께 사과하고 부부가 다시 합치면 곧 좋은 소식이 있을 것이라고 말했다. 그 이듬해 딸을 낳고 지금은 고부갈등도 많이 줄고 부부가 유정하게 잘 살고 있다.

- 乙이 오빠인데 자식의 표출신인 己를 극하니 그렇게 말한 것이다. 죽은 영혼이 작용해서 그렇다고 말하기는 좀 그렇다.
- 신강하니 고집이 세고 상관으로 설기하니 직선적이고 말이 밉상이다. 인수성이 많아 자기중심적이고 인색하다.

32

壬 甲 癸 戊　　　　己
申 午 亥 戌 여자　　未

- 戊癸합이 있지만 甲일간이 신약하지는 않다. 戊戌보다는 월주인 癸亥가 좀 더 강하다. 戊중의 辛은 첫 남편이고 년간 戊는 그 표출신이다.
- 남편 표출신 戊가 癸를 만나면 절지로 간다. 合絶이다. 戊癸의 합이 깨질 때 絶神이 발동한다. 己대운에 己가 癸를 극하니 戊癸합이 깨져 戊가 절지로 가니 남편과 사별했다. 아들이 하나 있다.
- 시지의 申은 그 후로 만나게 되는 남자지만 壬을 생해 주어

더욱 신강하고 습기차게 해서 재혼해도 해로하기 어렵다.

- 甲이 午에 사지이고 午는 상관 즉 나의 노력이니 죽도록 노력해도 돈이 되지 않는다. 戊戌은 멀고 癸亥에 막혀 있어 내 돈이 아니다. 식당을 한다.

<table>
<tr><td></td><td></td><td></td><td></td><td></td><td>64</td><td>54</td><td>44</td><td>34</td><td>24</td><td>14</td><td>4</td></tr>
<tr><td>甲</td><td>甲</td><td>庚</td><td>丁</td><td></td><td>癸</td><td>甲</td><td>乙</td><td>丙</td><td>丁</td><td>戊</td><td>己</td></tr>
<tr><td>戌</td><td>子</td><td>戌</td><td>酉</td><td>남자</td><td>卯</td><td>辰</td><td>巳</td><td>午</td><td>未</td><td>申</td><td>酉</td></tr>
</table>

- 雙木威林이라 카리스마 있고 경쟁력이 강하다. 늦가을 나무를 庚이 다듬어주고 丁은 庚을 잘 별러주니 미남이다. 가을나무에 丁꽃이 피니 더욱 미남이다.

- 신약하니 子가 용신이고 庚이 酉戌 半金局에서 솟아 편관용인격 庚을 억제해 주는 丁도 희신이고 조후용신이다. 일종의 식상제살격의 역할이 있다. 인수와 상관이 희용신이니 중등의 국어교사다. 상관은 어학이나 교직 기술직 등이 많다.

- 초년 戊대운까지는 편관이 더욱 강해져 성장이 더디고 집안 우환도 많았다. 편관은 골치아픈 우환 질병 관재 등이다.

- 申대운에는 申子로 반삼합하여 물을 생산하니 용신인 인수성이 강해져 호전되었다. 火대운에는 丁이 강해져 편관을 억제해주니 순탄하고 승진도 했다.

- 모친 子가 양쪽으로 戌과 암합하고 있어 재혼했다. 子중에는 壬癸가 있어 부친도 재혼했다. 壬은 부친의 전처이고 나는 戌 중의 戌 부친과 합하는 癸의 자식이라 후처소생이다. 시지 戌 이 부친이고 월지가 모친의 첫 남편이다.
- 癸대운은 불길하다. 丁이 극되면 편관 庚이 일간을 친다. 뇌 혈관이나 간장 쪽을 조심해야 한다. 편관이 바싹 붙어 있어 신경질이 있다.

51 41

0	甲	戌	庚		甲	癸
0	午	子	子	남자	午	巳

- 水多木浮되니 山에 뿌리 박으려 한다. 멀리 북쪽(물은 북쪽)에서 태어나 釜山에서 뿌리내리고 공무원으로 오래 지내다가 癸巳대 운에 음주운전으로 파직되고 퇴직금도 제대로 받지 못했다.
- 癸대운은 癸가 투출되면 子午충이 유발되어 불길하다. 원국 에 子午충이 있을 때 子나 午중의 지장간이 운에서 유도될 때 子午충이 일어난다. 다른 형충살도 마찬가지다. 잘 활용해야 한다. 용신이 거듭 충되니 오랜 송사 끝에 파직까지 당했다.
- 午가 조후와 설기, 편관을 억제하는 역할까지 하니 용신인데 子午충을 거듭 만나 불길하다. 用神受傷이다. 子午충은 팔다

리의 충이니 소아마비로 다리를 약간 전다. 午상관이 용신이 라 활동적이고 부지런하며 도화끼리 충하여 도화발동이라 바 람기가 많다.

- 甲午대운에 午용신이 강해지니 다행히 좋은 직장에 재취업하 여 잘 다니고 있다.

- 자식인 庚이 두 개의 사지를 보고 있어 자식애로가 많다. 아 들은 분발심이 적고 진로장애가 심하고 딸은 신경성 병에 걸 렸다.

- 午중의 己는 부인이고 월간 戊는 애인들이다. 浮木이 山이 필 요하니 바람이 심하다. 戊도 산이라고 볼 수 있다. 용신 속의 己라 처덕이 양호하고 현처를 만났으나 불화가 잦다. 상관 속 의 처라 부인이 다변이고 보험설계사다.

- 재취업한 곳도 陽山이다. 어쨌든 山에 의지해야 산다.

47 37 27 17 7

丙 甲 乙 辛　　庚 己 戊 丁 丙

寅 辰 未 亥 여자　子 亥 戌 酉 申

- 木火가 상관격이고 丙이 용신이나 일주와 시주 사이에 2급 소 용돌이가 있어 氣의 흐름이 원활하지 못하다. 용신이 제대로 나를 생조할 수 없다. 氣의 흐름을 중요시하고 우선적으로 봐

야 한다.

- 남편인 辛은 일주에서 멀고 무근하며 용신인 丙을 멀리서 합하니 원합이라 부부갈등이 심하다. 辛은 겁재인 乙未와 지지로 합하니 바람기 있는 남편이나 과거 있는 남편이다.
- 년지의 亥가 모친이다. 亥중에서 甲이 솟아 일간이기 때문이다. 辰중의 癸는 부친인 戊와 합해서 인연이 있으니 계모다. 申대운에 申亥 육해살이 들어오고 寅申충으로 나의 뿌리가 상하니 모친과 사별했다. 년월주에 비겁이 局을 이루고 있어 이복형제도 있다.
- 乙이 오빠인데 지지의 辰이나 未는 오빠의 처 즉 올케가 되는데 모두 木局으로 변하니 오빠가 이혼했다. 오빠인 乙의 입장에서 봐도 비겁이 많으니 내 돈과 처는 먼저 본 놈이 임자인 셈이다.
- 丙식신이 용신이라 입으로 먹고 사니 큰 백화점의 점원이다.
- 내 돈인 辰과 未는 비겁과 합하여 재성이 비겁으로 변하니 돈을 많이 떼이고 현재도 미수금이 많다고 한다. 이런 유형의 사주는 동업이나 돈거래를 하면 큰 손실이 온다.
- 대운이 좋지 못하여 크게 발복하지는 못한다. 生木은 火土운이 좋지만 金운으로 흐르는 대운이라 직업상의 애로와 부부불화가 잦고 큰 발전이 없는 것이다. 生木은 金이 싫으니 金은 남편이자 이 여성의 직업이다.

丁 甲 乙 癸　　　辛 壬

卯 子 丑 丑 남자　酉 戌

- 子丑합이 둘이니 재혼지명이다. 년지의 丑은 일지와 합하고 내 표출신인 癸 아래에 있어 인연이 있으니 전처다. 合이 있는 곳이 인연과 사연이 있고 생산이 있다.

- 丑중에 辛이 있어 전처 소생 딸이 하나 있다. 戌대운 초 丑戌 형으로 丑 하나를 제거하니 부부궁이 맑아져 결혼했으나 나머지 丑도 형살을 맞으니 대운말에 이혼했다.

- 辛대운 庚寅년 재혼했다. 辛이 겁재 乙을 없애고 거듭 세운간 庚이 乙을 합거시켜 경쟁자인 겁재를 제거했기 때문이다.

- 미약하나마 丁이 희용신이고 시주에 상관과 양인이 있어 기술직이니 철도공사에 근무한다.

- 木火가 상관격이고 도화살이 중첩되니 바람기가 많고 성욕도 왕성하다. 신강해서 설기가 필요하고 추워서 조후가 필요하니 丁이 설기와 조후 용신이다. 그러니 여자가 보면 껄떡거린다.

- 사주원국에 丑이 약하고 얼어 있어 일간 甲이 뿌리를 내리기 어렵다. 그래서 자꾸 土를 찾아 헤매니 양방에 갓 걸 사주다.

乙 甲 壬 丁 　　 戊 丁 丙 乙 甲 癸

亥 子 子 未 여자 　 午 巳 辰 卯 寅 丑

- 겨울나무가 火土를 필요로 하나 일지에서 솟은 나의 표출신 壬이 합거시키고 있다. 辰대운까지는 갑갑할 것이다. 丁巳대 운부터 크게 호전될 것이다.

- 나의 표출신 壬이 합하고 있는 丁이나 일간 甲이 합하는 未를 배우자로 보면 된다. 관성이 없을 때는 합신을 배우자로 보면 아주 정확하다. 丁은 未에서 올라왔으니 남편의 표출신이라 丁未 전체를 배우자로 보면 된다.

- 壬에서 보면 丁이 돈이라 배우자 선택기준이 돈이다. 돈이 많은 줄 알고 결혼했는데 丁은 강한 壬子에 合絶되니 돈도 없고 별 능력도 없는 남자다. 未가 늦여름이니 나이차가 많은 남편이다. 결혼후 남편이 시시하고 무기력해 보여 불화가 극심하다. 남편이 년주에 있어 조혼했다.

- 火로 설기하고 조후해야 하니 丁未가 용신이나 丁壬으로 합거되어 丁이 미약하니 더욱 집착한다. 丁은 상관이라 자유분방하고 청개구리같은 기질에 성욕도 강해 바람기 많은 여성이다.

- 거대한 浮木이고 신강하며 표출신 壬이 두 개의 양인 子를 깔고 있어 기질이 아주 강하고 투쟁적인 거친 성품이다.

- 辰대운에는 辰이 子辰 반삼합으로 떠내려가니 辰이 돈이라 금전애로가 심하고 부표출신 丁이 더욱 설기되어 불화극심하여 잠시 별거도 했다.
- 사주에 네 개의 물이 있어서인지 고향은 四川이고 浮木이라 흘러서 부산에 와서 뿌리박고 있다. 浮木은 山자 지명에 사는 경우가 많다.
- 乙이 남동생인데 지지에 土가 약하고 멀어서 늦도록 미혼이고 이 여성이 돌보고 있다. 乙은 사지에 앉고 甲은 사신발동이니 남동생이 단명할 수도 있고 지지리 안 풀린다.

31

壬 甲 甲 戊　　　庚
申 寅 子 申　여자　申

- 이 여성은 개신교 신자라 다른 사람을 보내서 간접적으로 상담을 했다. 戊는 甲의 극이 심해 용신이 못되니 종왕격 사주다. 申도 충살받고 甲子로 半水局하니 용신이 못 된다. 寅중의 丙으로 설기해야 하나 미약하니 좋은 사주는 못 된다.
- 신강한 겨울의 生木이라 火土로 설기하고 억부함이 좋으나 戊는 월간 甲의 극을 받고 무근하여 도움이 안되고 일지의 丙은 寅申충으로 반이상 꺼진 불이다. 申 남편성과 상충하고 生木

은 金을 꺼리는지라 부부불화가 극심하다.

- 申대운에는 상충살이 겹쳐 부부싸움을 격하게 하는 도중에 다섯 살 된 장남이 놀랐는지 아파트 베란다에서 추락해 죽었다. 2남 1녀를 낳아서 하나를 잃었다. 그러고도 아직 싸우며 살아간다.
- 아주 성질이 강하고 투쟁적이며 다혈질이고 고집이 세다.
- 戊가 약해서 부친은 60살 이전에 돌아가셨다.

37 27 17

己 甲 戊 乙　　　壬 辛 庚

巳 辰 子 巳 여자　辰 卯 寅

- 土多가 病이다. 신약하니 子에 의지해야 하는 財多身弱用印格이다.
- 子가 용신이기는 하나 일주와 월주 사이에 4급 소용돌이가 있어 생조가 어렵다. 더구나 일간이 甲己로 합하여 기신인 己巳를 향하니 나쁜 길로 가는 운명이다.
- 甲은 머리인데 甲己로 합하는 사주들은 가볍게는 두통에서 심하게는 뇌혈관 파열이나 정신병으로 가는 경우가 아주 많다. 합거되는 정도에 따라 이 사주는 辰巳 지라살도 많아 더욱 위험한 정신세계다.

- 甲己로 합한다는 것은 결혼을 의미하고 결혼후 발병하거나 운세가 극히 나빠진다.
- 庚寅 辛卯 壬대운까지는 약한 木이 대운에서 생조를 받아 버티었으나 辰대운에 용신인 子가 입고되어 정신병이 왔다. 가출후 행방불명이다.
- 癸巳대운과 甲午대운은 각각 1급 소용돌이가 오니 완치되기 어렵고 죽을 수도 있다.

49

```
丁 甲 丁 乙        壬
卯 午 亥 巳 남자    午
```

- 巳亥충으로 亥는 도움이 안되고 卯에 의지하나 일시주간에 3급 소용돌이가 있어 무정한 사주다.
- 일지에서 丁이 두 개나 올라가니 표출신이 둘이라 판단력이 부실하고 독설험구가 심하다. 상관은 나쁜 입이다.
- 도화홍염살인 午에서 丁이 두 개나 올라가 도화홍염 발동하니 바람둥이다. 본처와는 해로중이고 현재는 늙은 애인과 바람이 났다. 백수로 지내며 반제비족이다.
- 甲午년에 1급, 3급, 3급 소용돌이가 일어나니 소송중이다.

$$36\ 26\ 16\ 6$$

戊 甲 丙 甲　　　　壬 癸 甲 乙

辰 申 子 戌 여자　 申 酉 戌 亥

- 인수용재격 사주다. 戊와 戌이 용신이고 丙이 조후용신이다. 겨울 生木이라 火土가 반갑다. 그러나 火土가 모두 약하니 무정한 사주다.

- 戊은 부친이고 시간의 戊는 그 표출신이다. 戊는 水局 위에 있어 부친이 주색을 밝힌다. 水는 부친에서 보면 여자고 술이다. 거대한 水局 위에서 떠내려가며 흙탕물만 일으키는 존재다. 일시주간에는 4급 소용돌이도 있어 집안이 편할 날이 없고 부친은 무능하여 모친이 가사도우미를 하며 살아간다.

- 인수성이 病이라 공부와는 담쌓고 어린 나이에 돈과 이성만 밝힌다. 戊가 용신이나 약하니 자꾸 돈을 밝히고 식신으로 조후하고 설기해야 하니 이성에 일찍 눈을 뜬다. 戌중에 辛이 있어 戌대운 들자 바로 동거생활 하겠다고 우기며 모녀간에 갈등을 일으키고 있다. 년지 戌중에 남편성인 辛이 있고 자식성인 丁도 있고 용신이니 조혼욕구가 강하다. 배우자성이 년주에 있으면 조혼한다.

- 일간 甲이 浮木인지라 山이 필요해 부산이 고향이고 부산에서 쭉 살고 있다. 壬申 癸酉 대운이 불미하니 더욱 분별력은 상실되고 삶의 질곡을 많이 겪을 것이다. 물론 해로하기 어렵

다. 빈천한 사주다.

41 31 21

甲 甲 壬 乙 　　丁 丙 乙

子 寅 午 卯 여자　亥 戌 酉

- 木火상관격 사주고 용신이 午다. 여름나무는 조후가 되는 水를 좋다고 하지만 이런 경우는 태강하므로 설기시켜야 한다.
- 生木은 火土가 반갑지만 대운이 시원치 않아 대발을 기대하기는 어렵고 丙戌 대운이 오면 좋아질 것이다.
- 관성이 없으니 午중 己土가 남편이다. 일간과 명암합하니까. 財가 남편이라 아내 같은 남편이라고 표현할 수 있다. 나는 남편 같은 아내로 남편 역할을 하며 맞벌이하면서 살아갈 것이다.
- 午중 己는 도화홍염인 午 속에 있고 사주에 비겁이 많아 바람기 많은 남편이 들어올 것이다.
- 酉대운은 정관인 酉가 들어오지만 卯酉충에 寅酉 겁살까지 있어 결혼이 어렵고 결혼하더라도 불화나 이별수가 따른다.
- 午에서 丙이 투출하는 丙대운이 결혼 적기다.
- 午가 용신이니 활동을 요하는 사주이고 성욕도 왕하고 이 여성 또한 바람기가 있다고 할 수 있다. 己가 남편인데 寅중에

戊가 또 있으니까. 강한 설기를 필요로 하는 사주이고 상관 사주는 남편을 배신하는 경우가 많다.

				64 54 44 34 24 14 4
壬 甲 癸 丁				丙 丁 戊 己 庚 辛 壬
申 午 丑 酉 남자				午 未 申 酉 戌 亥 子

- 酉丑 半金局이 癸를 생조하고 癸는 다시 일간을 생조하며 壬이 또 있어 신약하지 않다. 인수용식상격 사주다. 신왕하고 조후와 필요하니 午가 용신이다. 丁은 癸의 극으로 쓸 수가 없다.

- 겨울 生木이 火土를 필요로 한다. 癸는 丁을 극하고 더욱 신왕하고 춥고 습기차게 하니 기신이고 년월주간에 4급의 강한 바람이 불고 있어 초년운이 나쁘고 인수가 기신이라 공부와는 인연이 멀다. 초년 대운까지 인수운이라 춥고 배고팠던 시절이다.

- 년월주에 忌神이 우글거리고 초년 대운마저 나쁘니 부모형제 덕이 없고 자수성가 해야 한다. 午가 용신이고 상관이라 전기 기술자다. 천직이다.

- 용신인 午중의 己가 부인이라 처덕이 있고 내조를 잘하나 애처가는 아니고 바람이 잦아 불화가 심하다. 午가 도화홍

염이고 좀 약하니 더욱 午를 필요로 하여 여자만 보면 껄떡거린다.

- 신강하니 고집이 세고 인수성이 많아 자기중심적이며 午로 설기하니 직선적이고 말이 밉상이다. 독설험구가 잦다. 귀문살이 중첩되어 예민하고 잘 삐치며 원한을 잘 품는다.

- 급각살 丑에서 올라온 癸가 희신인 丁을 극하니 손을 크게 다쳐 장애인이다. 급각살에서 올라온 기신이 희신을 치면 장애인이 되는 경우가 많다.

- 초년 金水운에 고생이 많았는데 戊대운에 발복하더니 丁未대운부터 크게 좋아지고 있다. 돈을 많이 벌고 있다.

- 정편인이 혼잡되고 丁壬합하여 木이 생기니 일간에서 보면 형제 아니 형제라 두 어머니에 이복형제가 있다.

- 申酉金이 있어 아들 하나 딸 하나 있는데 金이 기신이라 둘다 애물단지다.

52 42

丁 甲 辛 己　　乙 丙
卯 辰 未 丑 남자　丑 寅

- 신약한 사주에 土가 기신이다. 약한 甲이 卯에 의지해야 하나 기신인 己와 합해가니 나쁜 길로 가는 운명이고 정신력이 부

실하다. 卯는 뿌리가 되니 용신이고 丁은 土木의 交爭을 통관
시킬 희신인데 己와 합하니 밝은 것을 등지고 어두운 곳을
향하는 형국이라 주역의 괘상으로 말하자면 地火明夷다.

- 바람이 심해 불화가 극심하고 기신인 財와 합해가니 돈과 여
  자만 밝힌다. 소소한 돈욕심으로 오히려 돈이 샌다. 재다신약
  사주들은 껄끄러운 돈욕심이 많고 인색한 편인데 적은 것에
  는 아끼다가 한 방에 날리는 경우가 많다. 여자 문제로 망신
  과 불화의 연속이다.
- 부친은 일지의 戊이고 모친은 그와 합하는 癸다. 또 다른 癸가
  있어 부친도 바람을 피워 이복형제까지 있다. 바람도 유전인가
  보다. 甲辰백호일이고 卯辰 半木局으로 辰이 약해지고 원래 財
  가 기신인지라 부친덕이 없고 부친이 50대에 단명하셨다.

乙 甲 庚 丙
亥 寅 子 申 여자

- 겨울 甲木이 水木이 많아 신강하다. 편관인 庚을 용신으로
  삼을 수는 없다. 庚은 申子 半水局으로 설기가 심해지고 丙의
  극을 받으니 금침수저다. 겨울 生木이라 丙이 반갑다. 丙이 용
  신이나 멀고 약해서 무정한 사주다.
- 일지에서 솟은 丙이 나의 표출신이고 활동력이며 입이고 열정

이다. 이런 것들로 얼어붙어 있는 세상을 녹이니 전형적인 교사 사주다.

- 生木이라 金을 꺼리고 남편성인 庚은 乙과 합해가니 불화 끝에 이혼했고 남편은 이내 재혼했다. 일지에서 솟은 丙이라 딸만 둘이다.
- 乙은 남동생이고 亥가 사지이며 亥에서 솟은 甲이 사신발동이라 요절했다. 庚으로 인한 合去도 있다.

48

甲 甲 乙 甲　　　庚
戌 戌 亥 午 남자　辰

- 木多가 病이고 土木의 교쟁이 심해 C형 간염으로 고생하다 辰대운에 용신인 戌을 치니 간암으로 이식수술을 받고 살아났다.
- 비겁이 왕하니 부친덕이 없이 가난하게 자랐고 배움이 짧다. 비겁이 왕하니 투기성이 있어 스크린 경마로 돈을 자주 날린다.
- 戌이 용신이고 山이라 중년에 전라도에서 부산으로 와서 혼자 지낸다.

丁 甲 甲 戊   辛 庚 己 戊 丁 丙 乙

卯 寅 寅 戌   酉 申 未 午 巳 辰 卯

- 건록격 사주며 태강하다. 억부를 해줄 戊戌은 멀고 戊戌은 월주와 일주에 4급의 바람을 일으키고 있어 쓸모가 없다. 초년에 집안 풍파가 많고 진로장애가 있었음을 알 수 있다.

- 설기를 해줄 丁은 약하고 무근하니 무정한 사주다. 건록격은 본시 머리가 좋은데 이 남성도 비상한 머리로 대학을 나오지 않았지만 영어에 능통하다. 부친덕이 없어 부친의 얼굴도 기억하지 못하는 아기때 사별했다. 비겁이 중중하여 이복형제도 있고 씨다른 형제도 많다. 부모가 각각 재혼 삼혼을 했기 때문이다.

- 초년 木운에는 불우하게 자랐고 학문을 이루지 못했으나 火 대운에는 학원을 차려 좀 풀리는가 싶다가 戊대운과 己未 대운에 군비쟁재가 일어나 학원을 접고 말았다. 庚申과 辛酉대운은 왕신충극하여 더욱 갑갑하고 백수로 지내고 있다.

- 부친인 戊戌은 보이는데 모친은 보이지 않는다. 合神으로 찾아보자. 戊과 합하는 시지의 卯가 모친이고 寅寅은 부친의 전처와 후처다. 나의 모친은 부친의 세 번째 여자 즉 첩이다. 寅寅은 또 배다르거나 씨다른 형제이기도 하다. 卯가 친누나다. 년월주의 木들은 배다르거나 씨다른 형제다. 卯 양인이 모친이라 모

친은 매우 강하고 똑똑한 여성이다. 한국전쟁 전후에 여맹위원
장을 하다가 휴전후 우리 경찰에 의해 죽을 뻔하다 살아나서
계속 감시를 받으며 살았다.

- 戊戌은 甲寅과 먼저 합해 있으니 내 돈이 아니고 남의 돈이
다. 이런 구조의 사주는 월급생활이 낫지 자영업을 하면 망
한다.

乙일간

59

```
丁 乙 甲 己        庚
亥 亥 戌 丑 여자    辰
```

- 늦가을 나무에 단풍이 든 형상이고 물기도 있으니 가랑잎이 아니라서 예쁘장한 얼굴이다.

- 식신이 용신이라 말은 고운 편이나 亥亥자형과 丑戌형이 있어 폭발성이 있다. 乙亥일은 사지에 놓인 탓인지 몸생각이 끔찍하다.

- 일지에서 솟은 겁재가 나의 탐심이고 표출신인데 己와 합하니 돈에집착하고 돈을 보고 결혼하는 경우가 많다. 첫 결혼을 부잣집 장애인 아들과 했다가 아들 둘을 데리고 이혼했다.

- 甲은 나와 모친의 표출신이고 甲이 직접 오빠이기도 하니 세 사람은 운명이 비슷하다. 모친은 재혼했다가 이별했고 오빠도 그렇고 이 여성도 재혼했다가 사별했다.

- 己丑이 첫 남편일까? 戌이 첫 남편일까? 丑과 戌에는 각각 辛이 있어 남편성이고 표출신 甲과 합하는 己가 배우자이고 戌

도 배우자다. 같은 土라서. 그런데 자식인 丁이 들어 있는 戌이 첫 남편이다. 戌亥 천문성에 놓여 심한 불화가 있었다. 己丑은 재혼남편인데 표출신 甲과 합이 되어 사이가 매우 좋았다. 甲이 戌에 착근할 수 없어 이별하고 己丑과 합했지만 역시 형살받아 착근할 수 없어 재혼도 사별로 끝났다.

- 辰대운에 戌을 치고 辰丑破까지 있어 초기 위암으로 잠시 고생했다. 土는 소화기다. 표출신 甲이 합하고 있는 己丑이나 戌은 재성이라 밥줄이니 목숨줄과도 같다. 辛대운은 丑戌형에서 투출된 辛이라 丑戌형이 유발되고 원래의 일간 乙을 치니 생명의 위험이 또 있을 것이다.

丙 乙 丙 乙   壬 辛 庚 己 戊 丁

戌 巳 戌 未 여자   辰 卯 寅 丑 子 亥

- 역시 늦가을 나무에 단풍이 든 형상이나 柱中에 물기 하나 없어 바싹 말라 가랑잎이라 못생기고 겉늙어 보인다.
- 甲乙 일주 丙戌 月時는 자식의 횡액이 있다고 하지만 아직은 무탈하고 아들 둘 다 의사다. 예전에 역술인들이 하는 말이 자식 잃고 남편 죽어 미치는 사주라고 했지만 아주 순탄하게 잘 살아왔다. 사주의 격국을 잘 살피지 못해서 오는 오류다.
- 일간이 無根하니 丙으로 종하는 종아격 사주다. 일지에서 丙

이 올라갔으니 丙이 일간을 대행할 수 있다. 일지에서 두 개의 표출신이 올라가고 귀문살이 겹치니 신경성 병이 좀 있다. 약한 木이 강한 丙으로 변했으니 여린 듯 강인하고 고집이 좀 있다.

- 丙을 일간으로 보면 戌중의 辛이 남편성이다. 丙에서 辛은 재성이라 아내 같은 남편이고 처 말을 잘 듣는다. 개는 개집에 있을 때 몸을 반쯤 내놓고 있어서 그 속을 잘 알 수 없다고 통변한다. 戌중의 남편이라 말수가 적고 속내를 잘 알 수 없다. 착실하고 좋은 남편이다.

- 잘못 보면 남편 죽고 자식 죽는 나쁜 팔자라는 말이 나오기 쉽다. 丙이 강하니 설기하는 戌이 용신이고 용신이 자식이니 자식복이 있고 용신 속의 남편이니 어진 남편 만났다. 식신이 용신이라 다변이고 제 자랑이 병적으로 많다. 성욕도 왕성하고 어린 시절부터 이성을 밝혔다.

- 자식성이 戌戌未라 딸이 맏이고 戌戌은 남편 辛이 있어 두 아들이다.

- 辛대운에 戌 남편궁에서 투출된 辛이 강한 丙에 쟁합되니 남편이 이사직에서 잘렸다. 壬辰 대운은 丙戌을 천충지충하니 나쁜 운이다. 배우자가 보이지 않는 사주는 합신을 배우자로 본다.

- 일간과 천간에서 합하는 글자가 우선이다.

- 천간에 없으면 지지에서 명암합하는 글자가 배우자다.

- 일지와 六合하는 글자가 배우자다.
- 그마저도 없으면 일지의 지장간과 암합하거나 명암합하는 글자가 배우자다.
- 그것도 없으면 자식궁과 합하는 글자나 자식궁의 지장간과 합하는 글자가 배우자다.
- 이런 식으로 찾으면 95% 이상 찾을 수 있다. 그래도 없으면 결혼운이 나쁜 것이다. 미혼인 경우가 많다.

33

丙 乙 戊 辛　　　壬

戌 未 戌 丑 여자　寅

- 이 역시 물상법으로 보면 늦가을 나무의 단풍인데 물기가 없어 바싹 마른 가랑잎이라 얼굴은 예쁜데 아주 겉늙어 보인다. 피부도 건성이다.
- 土가 많고 木生火 火生土 土生金으로 가니 최종자 辛으로 종하는 종살격이다. 결혼후 남편은 번성시켰으나 삼형살이 있어 갈등은 심하다. 종살격에 丙은 기신이라 자식들이 애물이다.
- 寅대운에 기신인 丙이 寅에 長生을 얻고 종살에 逆行하는 운이라 아들딸 둘 다 가출을 밥 먹듯 하면서 몹시 속을 썩였다.

37

```
己 乙 戊 辛        甲
卯 未 戌 丑 남자    午
```

- 財多身弱比劫扶身격 사주다. 시에 귀한 祿이 있어 貴祿格이라고도 한다. 卯未木局하여 일간을 扶身하니 남의 덕을 보려 하고 사람을 잘 이용하며 동업하는 경우가 많다.
- 財가 기신이니 당연히 부친덕이 없고 처와는 불화 끝에 이혼했다. 甲대운 겁재운에 이별했다.
- 재다신약격은 쓸 돈은 떨어지지 않으나 큰돈은 없고 돈에 허덕이는 때가 많다.
- 財가 많아 여자들로 둘러싸이니 제비족 비슷하고 술장사를 한다. 접대부를 여럿 고용해서 하는 장사다. 바람둥이다.
- 卯가 수옥살이고 재관이 病이고 편관이 노리니 전과가 있다.

39

```
丙 乙 癸 丁        戊 己 庚 辛
戌 巳 卯 酉 남자    戌 亥 子 丑
```

- 卯酉충으로 祿이 부서져 뿌리가 되지 못한다. 丙丁으로 종하는 종아격이고 가종이다. 癸와 酉가 기신이다.

- 庚子 대운까지는 종격에 역행하는 운이라 직업운이 부실하고 고생이 심했다. 己대운에 기신인 癸를 대운간 己가 제거하자 교수로 임용되었다. 39살부터 운이 열렸다고 하니 깜짝 놀라며 연방 입에서 "하아 하아" 하는 소리가 끊이지 않았다.

- 가종격이니 종하기 전의 일간을 중심으로도 봐야 한다. 卯酉충이 있어 죽은 형제나 장애 형제가 있냐고 물었더니 단명형제가 있고 우울증이 심한 동생도 있다고 했다. 卯酉충은 수옥살에 상충살이 겹치니 영향력이 크다.

- 丙丁이 둘이라 조모님이 두 분이고 丁酉는 얼굴이 예쁘고 순한 할머니고 丙戌은 백호라서 총명하나 성질이 강한 분이라고 했더니 또 하아거렸다. 어째서 그 할머니들을 그렇게 잘 기억하냐고 물었더니 두 분이 한 집에서 사셨다고 한다. 옛날 사람들이니까 본처와 첩이 한 집에 살기도 했던 모양이다.

41

丙	乙	甲	戊		庚	己	戊	丁	丙	乙
戌	酉	子	戌	남자	午	巳	辰	卯	寅	丑

- 편인격 사주이고 약간 신약한 듯하나 조후와 통관이 되는 丙을 향하니 丙이 용신이다. 丙이 상관이니 기술자다. 겨울나무는 태양이 필요하고 뿌리를 덮어줄 溫土가 필요하다. 丙상관

은 자유분방하고 얽매임을 싫어한다. 겨울나무는 金을 싫어하니 직장변동이 잦았다. 土는 돈이니 자영업을 선호한다. 金이 기신이고 자식궁인 시주에 상관이 있어 무자식이다.

- 여러 직장을 전전하다 己대운에 처음으로 자기 사업을 벌여서 날로 번창하고 있다. 己대운은 겁재인 甲을 합거시켜 경쟁력이 강해지고 도둑이 사라지니 재물이 모인다. 겁재가 사라지니 재혼했다.
- 년주의 戊戌은 일지와 半金局으로 합해오니 나와 인연이 있었던 첫 아내다. 년주에 있으니 조혼했다가 겁재 甲이 강해지는 卯대운에 자식없이 헤어졌다. 년지 戌에서 丁이 투출하는 丁대운에 결혼했다가 자식도 없이 삼 년 안되어 헤어졌다. 丁은 첫 아내의 투출신이다.

24

丙 乙 甲 甲　　　丁
戌 卯 戌 午 남자　丑

- 부친성인 戌은 두 개이고 모친은 보이지 않는다. 戌과 합하는 卯가 모친이니 모친은 재혼을 했고 부친도 재혼이다. 卯중에는 甲乙이 있으니까. 해당 육친성이 안 보이면 어물거리지 말고 合神을 찾아라. 부친이 안 보이면 모친과 합하는 것이 부

친이다. 모든 合에는 인연이 있고 생산이 있다. 이것이 合派이
론이다.

- 이 남성도 재혼이다. 일지와 합하는 재성이 둘이니까. 丑대운
에 丑戌刑으로 실연을 했으나 戌이 하나 제거되어 처궁이 맑
아지니 결혼했으나 丑戌형이 진행중이라 신혼에 불화가 심해
서 이내 헤어졌다.

41

丙 乙 癸 辛　　　戊
戌 亥 巳 卯　여자　戌

- 신약하지 않아 辛을 용신으로 하자니 戌에 뿌리가 있어 무근
한 것이나 마찬가지고 丙을 용신으로 하니 巳亥충으로 뿌리
가 상하고 癸가 노리고 있다. 용신이 불분명하고 어디에 기댈
지 무정한 사주다.

- 월지 巳중의 戊가 부친이고 모친은 일지의 亥인데 巳亥충으로
그 인연이 끊기니 부친이 별세한 후 모친은 시지의 戌과 재혼
했다. 癸는 부친의 전처니 나는 후처소생이다.

- 卯는 癸가 낳은 배다른 언니다. 巳亥충으로 손상된 亥중의 甲
이 단명한 이복오빠이다.

- 巳와 丙은 아들이고 戌중의 丁은 딸이다. 2남 1녀. 巳亥충이

있어 자식궁이 손상된다. 19살 된 차남이 차 사고로 객사했다. 巳亥충은 역마충이니 집 밖에서의 사고가 많다. 時干의 丙은 입고되어 약하고 癸가 노리고 있어 역시 안 풀린다. 무직으로 방황하고 있다.

- 巳중의 庚이 남편이고 역시 충받아 장생지가 사라지니 일찍 사별했다. 戌亥천문살이 있고 귀문살도 있어 신경성 병이 있다. 참으로 딱하다.

鬼門殺

- 子酉귀문 _ 子酉破도 되니 성질 나면 부순다.
- 丑午귀문 _ 작은 일에도 원한을 잘 품고 잘 삐친다.
- 寅未귀문 _ 寅이 未에 입고되니 피해망상증이 있다.
- 卯申귀문 _ 분별력 없어 보여도 영악한 면이 있다.
- 巳戌귀문 _ 혼자서 곰곰 생각하다가 끓어오른다.
- 辰亥귀문 _ 용왕공줄이 세다.

自刑

- 子子 - 무슨 일이 터지면 쥐새끼처럼 숨어버린다.
- 午午 - 분신자살하는 경우가 많다.
- 酉酉 - 음독(酒), 칼 등으로 자살하는 경우가 많다.
- 卯卯 - 목매어 자살

辛 乙 戊 壬　　　甲 乙

巳 巳 申 辰 여자　辰 巳

- 乙巳일이 時干에 관성이 또 투간하니 해로가 어렵다. 巳申으로 합하는 申이 남편인데 巳대운에 합이 있는데 또 합이 들어와 합이 풀리니 청상에 과부가 되었다.
- 년월주 사이에 4급의 세찬 바람이 불고 巳申형살이 중첩되고 辰巳 지라살을 겸하니 순탄한 삶은 아니다.
- 편관이 일간에 바짝 붙어서 극하고 형살과 지라살이 겹치고 4급의 소용돌이까지 있어 심한 신경질에 직선적이고 밉상인 말이 잦고 예민하며 심하게 모가 난 성격이다.

3

辛 乙 壬 丁　　　辛

巳 卯 子 未 남자　亥

- 모친인 壬이 일주와는 음형살이고 丁未와 합하니 모친이 등을 돌리고 젖을 주지 않는 형상이라 모자간에 情이 없고 만나면 부딪친다.
- 巳중의 戊가 부친성이나 모친 壬이 합하고 있는 丁未가 부친

이다. 合이 우선이다. 未가 부친이고 丁은 부친의 표출신인데 강한 壬子에 合絶되어 亥대운에 사별했다. 亥는 부친 戊의 절지이다.

- 巳亥충으로 부친성 하나가 뿌리 뽑히고 壬은 더 강해졌기 때문이다. 대운지 亥가 亥卯未 木局하여 未가 木氣로 변한 탓도 있다.

54 44 34

丁 乙 丙 己　　壬 辛 庚

亥 亥 寅 亥 여자　申 未 午

- 남편성이 없어 일지와 육합하는 寅이 남편이다. 丙은 남편의 표출신이고 신강사주의 설기 용신이니 남편덕이 좋다. 능력도 있고 사이도 좋다. 바람도 안 피웠다. 寅이 초봄의 남자라 두 살 연하남이다.
- 회사 다니던 남편이 명퇴하고 午대운에 사업을 하여 대운중에 백억대의 재산을 모았다. 나무가 물을 먹고 丙丁의 꽃을 피우는 형상이라 조경업으로 성공했다.
- 辛대운에 남편 표출신 丙이 辛을 만나 무지개가 서니 광을 내고 싶어 시의원에 출마했다가 辛이 너무 약해 빛이 나기 전에 辛이 합거되니 제대로 빛이 안 나는 형상이라 낙선했다. 壬대

운은 남편 표출신 丙에서 보면 丁이 겁재이자 경쟁자인데 丁 壬으로 묶어주어 경쟁력이 강해지니 당선했다.

- 사주가 온통 木 일색이라 곡직인수격이니 丙丁으로 설기해야 한다. 아들딸 다섯이나 된다. 자식들이 다들 착실하고 영특하다. 자식 낳을수록 재물이 불었다.

- 亥가 셋이고 寅에 破되니 년지의 亥모친이 일찍 돌아가셨고 일지의 亥계모는 얼마 살다가 가 버렸다. 시지의 亥 두 번째 계모가 수십년째 살고 있다. 寅에서 멀어서 破가 안되는 모양이다.

- 寅亥합으로 寅중의 丙과 戊가 기운이 약해지니 말을 더듬는다. 한 번씩 엄청난 多辯이다.

- 寅대운에는 寅申충으로 남편성이 극되니 사업이 부진하다. 남편이 몸도 조심해야 한다. 관재구설이 생길 운이다.

※ 丁亥생으로 추정될 뿐 나이도 생일도 모르는 여성이 찾아왔다. 답답한 노릇이다. 하는 수 없이 내정법으로 감명해 보니 잘 맞았다.

〈팔자괘〉

丁 癸 乙 癸 己
巳 未 卯 酉 丑　여자　丁亥생으로 추정
분 시 일 월 년

- 己丑년 癸酉월 乙卯일 癸未시 丁巳분에 문복했다. 그것으로 사주를 만든다. 丁亥생으로 짐작한다니 丁亥를 本命星으로 넣으니 亥卯未 목국을 지어 卯酉충이 일어나는 것이 보였다.
- 형제나 친구 등이 관련된 문서 문제로 시끄럽냐고 물었더니 그런 일로 왔다고 했다. 문서 문제인 것은 두 개의 癸가 천간에 발동했고 癸未시에 있는 것은 현재의 일이고 편인이라 부실문서다. 時는 현재사다.
- 木局이 있는 것은 3, 4인이 관련된 일이고 卯酉충이 되니 서로 상충이고 수옥살이라 송사가 나도록 시끄럽다.
- 돈을 받겠느냐고 묻기에 오래 걸리고 일부가 들어온다고 했다. 丁巳분이 식상이라 生財를 하니 받기는 조금 받는데 식상 생재 하느라 시간이 걸리는 것이다. 巳중에 戊가 있으니 일부 받는다. 分柱에 식상이 있으면 오래 걸리고 財가 뜨면 금세 해결된다.

癸 乙 戊 壬
卯 巳 申 寅　여자

- 戊는 부친이고 壬癸나 申중의 壬, 巳申합水 등 인수성이 많고 인수성의 뿌리가 약해 부친이 다섯 번 결혼하셨다. 모두 사별이다. 寅申충으로 형제가 여럿 죽었다.

```
甲 乙 壬 乙
申 卯 午 未   여자
```

- 일주가 약하지 않아 木火傷官用食神格이다.
- 午는 나의 활동력이고 손재주인데 午未로 합하여 乙의 돈인 未를 생하고 있어 남의 밑에서 일하면 그 주인은 돈을 더욱 잘 버는데 그걸 보고 내가 자영업하면 그만 실패한다. 식당의 찬모인데 전라도 사람이고 음식 솜씨가 뛰어나 일하러 가면 그 식당이 갑자기 잘되기 시작한다.
- 그래서 이 여성도 욕심이 나서 식당을 차렸다가 수차 실패했다. 돈만 날렸다. 未는 내 돈이 아니고 乙 비견의 돈, 형제나 남의 돈이다.

54

```
丁 乙 庚 戊        甲 乙 丙 丁 戊 己
丑 丑 申 戌 여자   寅 卯 辰 巳 午 未
```

- 柱中에 土金이 가득하다. 乙庚合火金格의 사주다. 모든 기운이 金으로 화하니 庚을 체로 봐도 된다. 즉 일간을 대행할 수 있다는 말이다.
- 庚이 내가 되면 합신 乙이나 丁을 남편으로 본다. 申중의 壬

이나 丑중의 癸는 자식으로 본다. 丁丑 남편궁이 백호살이고 丁도 약하고 合神 乙도 약해 부부궁에 문제가 있어 보인다. 딸만 둘인데 장녀가 신경성 병이 있다. 丑중의 癸는 제대로 흐르지 못하는 물이라 그렇다.

- 從格과 日干代行格의 차이는 종격은 종한 쪽으로 운이 흘러야 좋고 역행하는 운에 대단히 위험해지지만 대행격은 일간만 바뀐 그대로 일반 정격을 보듯이 감명하면 된다.

- 년주와 월주 사이에 2급의 바람이 불고 있어 乙庚의 합이 제대로 되지 않는다. 남편과 30년 결혼생활의 절반을 직업상 별거를 했고 乙庚합이 깨지는 甲대운 甲午년에 남편이 베트남에서 비명횡사를 했다.

- 甲寅대운은 년주와 4급, 일주와 1급의 소용돌이를 일으키고 庚申과 천충지충하니 큰 풍파가 예상되어 부부간에 몸조심을 하시라고 했는데 바로 한 달 뒤인 양력 2월에 피살되었다.

- 庚이 体가 되면 申이 건록이다. 대단히 주관이 뚜렷하고 의지가 강하며 고집도 세다. 건록이라 교과서적이고 초등교사다. 아주 능력이 뛰어나 영어도 잘하고 50대 초반에 교장승진까지 했다. 얼굴도 예쁘다.

- 甲午년에는 丑午 귀문 원진살이 중첩되니 직장에서 인간관계도 나빠져 이 여성의 건강도 부실해졌다. 정신적인 충격은 이루 말할 수 없을 것이다. 남편 문제로 고통이 큰 이 여성과 갈등을 일으킨 상대방도 참 그런 사람이다. 조금이라도 배려심

이 있다면 거듭 고통을 주지는 않았을 텐데.

56 46 36 26 16 6

己 乙 丙 辛 　　　 壬 辛 庚 己 戊 丁

卯 酉 申 丑 여자 　 寅 丑 子 亥 戌 酉

- 卯酉충으로 일간이 無根하고 주중에 金이 滿堂하니 일지에서 솟은 辛으로 종하는 종살격이자 일간대행격이다.
- 일지에서 올라간 辛이 본인의 표출신이고 일간대행자다. 辛을 일간으로 본다는 뜻이다. 辛이 일간이 되면 丙이 남편이다. 丙은 무근하고 강한 辛에 합거되니 무능한 남편이 되거나 이별할 남편이다.
- 丙에서 보면 金이 많아 종재하는 형상인데 실제로 남편의 사주가 종재격이다. 세월 따라 깨달은 것이 從格이나 化格, 日干代行格 등은 같은 유형의 사주를 가진 배우자나 자식을 얻는다는 것이다. 90% 이상이 그런 것을 발견했다.
- 丙에서 봐서 金이 많다는 것은 여자가 많고 돈이나 여자에 집착한다는 것이다. 여자를 밝히는 바람둥이고 돈에 집착하여 사업을 벌이지만 실패만 하는 무능한 남편이다.
- 辛대운에 丙이 또 다른 辛을 만나니 사주원국의 丙辛합이 풀린다. 남편에게 새 여자가 생겨 별거에 들어갔다. 남편이 또

새 사업을 벌였다.세상에는 이런 남자들이 너무 많아 가슴이
답답하다.

43

辛	乙	乙	乙		庚
巳	酉	酉	巳	여자	寅

- 巳酉半金局이고 乙들이 무근하여 일지에서 솟은 辛으로 종하
  는 종살격이자 일간대행이다.

- 辛이 일간이 되면 巳가 남편이다. 金局으로 사라지는 남편이
  라 아주 무능하거나 이별할 남편이다. 巳에서 보면 酉는 모두
  사지이다.

- 死地 酉에서 庚이 솟아 사신이 발동하는 庚대운 丁亥년에 사
  별했다.

- 丁은 辛에서 보면 편관이니 우환이나 골치아픈 일 또는 남편
  으로 인한 애로이고 세운지 亥는 남편궁인 巳를 직접 친다.

- 대운간 庚은 원래의 남편성이고 巳에서 올라온 남편의 표출신
  이기도 한데 많은 乙에 의해 합거당하고 대운지 寅은 寅巳형
  이다. 관상을 보니 간문이 푹 꺼졌다. 부부이별상이다.

                                44 34 24
    己 乙 癸 乙   戊 己 庚
    卯 亥 未 巳 남자   寅 卯 辰

- 곡직인수격이고 己는 기신이다. 亥卯未 木局으로 신강해지니 설기구가 필요하나 巳는 멀고 투간되지 않았으며 己도 木局 위에서 힘이 없으니 무정한 사주다.

- 木局으로 亥가 사라지니 모친을 辰대운에 사별했다.

- 未가 삼합하여 木氣로 변하니 내 돈이 남의 수중으로 가는 형상이라 이런 사주는 동업이나 돈거래 하면 망한다. 자꾸 동업을 하니 돈이 샌다. 내 돈과 처는 먼저 본 놈이 임자니 부부궁도 부실하다. 부부불화가 극심하여 이별 직전이다.

- 원래 乙일간이 日時柱에 木局이나 半木局이 있는 남자 사주는 배우자로서 피해야 한다는 말이 있다. 약한 己를 木局이 칡덩굴처럼 칭칭 감아서 극하니 남편으로 인한 고통으로 이별하거나 목매어 죽는다는 말이 있다.

- 生木이 강하니 火土로 가야 한다. 기술직 영업직 화물차 기사를 거쳐 현재는 선박에 페인트칠 하는 조선 관련업을 하고 있으나 돈이 안된다. 대운이 시원치 않다. 대운이 火土운으로 흘러야 한다.

戊 乙 己 辛　　　甲 癸 壬 辛 庚

寅 卯 亥 丑 여자　辰 卯 寅 丑 子

- 辛이 남편성인데 종왕격에 기신이고 生木이라 꺼린다. 입고되고 설기가 심한 辛이라 무능한 술꾼에 바람둥이다. 辛에게 己는 진흙이고 때라 물로 씻어내야 하니 술꾼이다. 대운마저 木운이라 삶이 고달프다.

　　　　　　　　　　52 42 32 22 12 2

甲 乙 乙 癸　　　己 庚 辛 壬 癸 甲

申 卯 卯 卯 남자　酉 戌 亥 子 丑 寅

- 종왕격에 申이 기신이라 직장생활은 이내 접고 생선 수입업을 하나 돈만 자꾸 떼인다. 대운이 金운으로 흐르니 되는 일이 없다. 설기되는 火운이 좋다. 그리고 生木은 火土를 반긴다. 설기구가 필요하다.
- 처성인 土가 없어 일간과 명암합하는 申이 처성이나 기신이라 재혼했다. 火가 시급하니 후처는 丙午생이고 애인은 딸 같은 두 바퀴 띠동갑 丁卯생 한족 처녀다. 火土가 필요하고 도화살이 중중해 아주 여자를 밝힌다. 봄철 난초라 이 남성도 꽤나 미남이다.

- 丑대운 17세에 이성 문제로 공부에 지장이 많았냐고 했더니 겸연쩍게 머리를 긁으며 여자 건드리다 퇴학당하고 중졸로 그쳤다고 한다.

61 51

己 乙 戊 壬　　　乙 甲 癸 壬 辛 庚 己
卯 卯 申 辰 남자　卯 寅 丑 子 亥 戌 酉

- 水局 있고 건록이 두 개나 있어 신왕하여 土金이 희용신이다. 정관용정관격 사주다. 그럴듯해 보이나 자세히 보면 무정한 사주다. 용신이 허약하다.
- 戊申과 壬辰은 서로 4급 소용돌이 속에 있고 申은 水局에 떠내려가니 직업운이 부실하다. 여러 직업 전전하나 밥벌이가 안되어 처덕에 살아간다. 戊가 처이고 문창성에 앉고 乙 관성이 있어 교육직의 하급 공무원이다.
- 戊도 약하고 己도 乙의 극이 심하니 부부불화가 극심하다. 처의 입장에서 보면 돈도 못 버는 남편이 고집만 세고 칡덩굴 감듯 매사에 옭아매려 하니 고통스럽다고 말해주면 여자 손님들은 대부분 눈물을 흘린다. 공감대를 형성하면 상담이 훨씬 진지하고 수월해진다.
- 水局이 있어 부친이 재혼했다. 戊가 부친이고 水는 모친인데

水局이 있다는 것은 모친이 여럿이라는 뜻이다. 戊가 약해 부친덕도 없다. 水가 기신이니 모친덕도 없다. 한마디로 부모형제덕이 없고 약하나마 戊에 의지하여 살아야 한다. 평생이 불우하다.

- 甲寅대운이 년주와 2급 소용돌이를 일으키니 사주 원국의 4급도 덩달아 일어난다. 대운간 甲은 나의 명줄인 정재 戊를 치고 대운지는 寅申충으로 戊의 뿌리를 마저 흔들어댄다. 그만 중풍을 맞아 몸이 마비되어 오랜 세월 누워 있다. 입만 살아서 가족들을 볶아댄다. 온갖 독설과 험구로. 어느 날 그의 부인이 와서 남편이 언제 죽는가 물었다.

〈부인의 사주〉

					51	41
辛	乙	甲	丁		庚	己
巳	亥	辰	酉	여자	戌	酉

- 辰酉합으로 甲이 뿌리내리기 어렵다. 巳亥충으로 또 한 번 뿌리가 흔들린다. 신왕해 보이나 결국 신약으로 변한다. 미약하나마 甲에 의지해야 하고 甲은 나의 표출신이기도 하다.
- 巳중의 庚이 남편인데 巳亥충으로 장생지가 꺼지고 辛편관이 또 투간하니 남편애로가 많고 해로하기 어렵다.

- 酉대운 말 巳酉합으로 庚의 장생지가 꺼지니 남편이 중풍을 맞았다.
- 庚戌대운은 나의 표출신이자 용신인 甲을 치고 辰戌충으로 재를 치니 남편애로와 금전애로가 극심하다. 남편이 죽기만을 기다린다.

丙일간

				61	51	41	31	21	11	1
丙	丙	辛	乙	戊	丁	丙	乙	甲	癸	壬
申	申	巳	未 여자	子	亥	戌	酉	申	未	午

- 건록격 사주다. 巳祿을 申이 합거시켜 아주 신약해질 것을 巳午未 방합에 의지해 심한 신약을 면하고 있다. 얼핏 보면 부자 사주 같아 보이지만 부자 사주가 아니다. 밥 먹고 살 정도다.

- 祿은 반이상 기반 당하고 火金이 교쟁하며 특히 시간의 丙은 쟁재를 일으키니 천간의 비겁은 신왕 신약 여부를 떠나 우선 제거해야 좋으니 時干의 丙이 제거되는 운이 좋다.

- 천간과 지지가 서로 교쟁하고 巳申형합까지 있으니 고독하고 인간의 덕이 없는 사주다. 조금 신약한 일간이 辛과 합하여 祿을 찾으나 반쯤 깨진 祿이라 재물복이 적다.

- 건록격이라 정직하고 경우가 밝다. 건록에 문창성이라 총명하고 20년 넘게 초등교사였다. 官이 약해서 명예욕이 부족하고 매사에 소극적이며 승진에 뜻이 없었다. 온 집안에 우글거리

는 것이 교사였고 부친이 교육장까지 지내셨지만 퇴직후 몰락
했으니 승진욕심이 전혀 없었다. 刑슴이 겹쳐 젊은 시절에 신
경질이 심했다. 성질도 급했다. 직선적이고 가식이 없다. 너무
직선적인 것을 고치려고 오랜 세월 노력했다.

- 火金이 교쟁하면 官이 있어 비겁을 잡아주어야 하는데 官도
  미미하고 식상이 있어 통관을 시켜야 좋은데 식상도 미미하
  고 燥土밖에 없어 삶의 고통이 심했다.

- 관성이 뚜렷하지 않고 申중의 壬은 편관이라 일주와 천간지
  합하는 辛巳를 남편성으로 본다. 辛도 쟁합이 있고 巳도 申과
  쟁합하니 내 돈과 남편은 먼저 본 놈이 임자다. 오랜 세월 주
  변 사람들에게 뜯겼고 남편은 바람이 나서 이혼했다.

- 관성이 약하고 巳申형살이 있으면 침술이나 역학에 인연이 있
  다고 한다. 19살 어린 나이부터 역학공부를 시작했고 현재는
  역술인이다.

- 巳가 刑슴되니 형제가 여럿 죽었다. 언니의 죽음, 부모의 불화
  등으로 삶의 회의를 느끼던 차에 부친의 몰락으로 가기 싫은
  2년제 교대를 가야 하는 바람에 역학에 발을 디뎠다.

- 쟁합하는 丙이 제거되는 壬癸 대운에 부친덕으로 유복하게
  잘 자랐고 공부도 뛰어나게 잘했다. 未대운부터 기울어지던
  집안이 甲대운에 완전히 몰락했다. 申이 부친이고 문창성이라
  부친도 교육자였다.

- 丙辛으로 합하고 지지로는 巳申이 형합하는 사주는 돈벌이

나가면 심한 스트레스나 구설 등에 휘말린다. 사무실을 내도 그렇고 집에서 하는 업이 적당하다. 현재는 집에서 상담하고 있다. 여러 모로 편하다.

- 丙申과 乙未는 모두 同旬이고 辛巳만 他旬에서 왔으니 왕따당한 노한 범이라 언행이 제멋대로이고 주색을 밝히는 남편으로 인한 고통이 심했다. 다행인지 불행인지 5년 만에 인연이 끝났다.

- 이 사주는 辛巳만 없으면 평온한 사주다. 辛巳는 돈이자 남편이니 돈이나 남자에 대한 마음만 비우면 아주 행복해진다. 물욕이 적고 남자를 좋아하지 않는다.

- 申은 부친이고 乙은 모친인데 申과 육합하는 巳도 모친으로 볼 수 있다. 申申으로 巳가 합하니 모친도 재혼했고 부친도 재혼이다.

- 巳祿이 기반되는 申酉 대운에 삶의 고통이 극에 달하고 수중에 남는 돈이 없었다. 火金의 교쟁을 통관시킬 土가 필요하니 馬山에 10년 釜山에서 30년 넘게 살며 連山동 杯山역 근처에 산다.

28

辛	丙	戊	庚		乙
卯	戌	子	戌	여자	酉

- 정관용인격 사주다. 卯가 용신이다. 년주와 월주 사이에는 2급의 소용돌이가 있어 子는 일간과 합이 안되어 남의 남자나 형제의 남편이라고 봐야 한다. 일주와 천간지합하는 시주의 辛이 남편이다.

- 구태의연한 방식으로 子를 남편으로 보면 정확한 감명이 될 수 없다. 子가 남편이라면 자식 낳은 후 불화가 심하거나 이내 이별했을 것이다. 辛卯와 천간지합하니 부부유정하다.

- 丙에서 辛을 보면 財라 아내 같은 남편이라 내가 오히려 다독거리며 살아야 하고 나는 남편 같은 아내라 맞벌이도 하고 대소사를 내가 알아서 처리해야 한다.

- 辛이 남편이라면 庚은 시누이다. 庚戌이 괴강이고 2급 소용돌이도 있어 시누이가 이혼했다고 말할 수 있다. 시누이가 영리한데 잘난 척을 많이 하며 남편과 이별했느냐고 했더니 한참을 깔깔거리며 웃었다. 괴강에 해당하는 여자 육친은 남편복이 없다. 戌중의 丁화가 시누이의 남편인데 戌이 또 있으니 재혼지명이다.

- 용신인 卯가 투간하지 못하여 貴命은 아니다. 丙辛합하면 무지개가 선 듯 아롱거리니 액세서리 장사를 하고 있다. 辛은 돈이기도 하다. 돈이 辛보석이니 천직이다.

庚 丙 戊 庚

寅 申 寅 寅 남자

- 상충살이 심해 지지가 요동치고 어느 것 하나 쓸 만한 오행이 없다. 장생지와 재성이 서로 충하니 평생 백수다. 처가덕으로 산다. 아내는 신장 투석하며 평생 아프다. 격국용신이 불분명하다.

				56	46	36	26	16	6
甲	丙	己	壬	乙	甲	癸	壬	辛	庚
午	午	酉	戌 남자	卯	寅	丑	子	亥	戌

- 두 개의 양인을 찬 일간은 강하다. 식상도 뚜렷하고 酉戌半金局의 재성도 강하다. 다만 편관 壬이 조금 약한 것을 金局이 생조하고 있다. 己土는 용신의 병이나 편관칠살이 일간을 직접 치는 것을 막으니 좋은 역할도 있다.
- 正財用殺格 사주다. 사주 구성이 좋으며 순수하다. 양인에는 편관이 필요하니 권세 있는 사주다.
- 戌대운까지는 평범했으나 辛대운부터 늦머리 뚫리더니 성적이 날로 상승했다. 亥대운에는 壬편관이 亥에 祿을 얻으니 용신이 강해지고 나 丙火 태양이 壬亥의 호수에 빛나는 상이라

이름을 날린다. 어린 나이에 사법고시에 합격해 연수원에 있다고 했다.

- 癸대운에는 태양을 癸 비구름이 가리는 형상이나 己가 막아줄 것이나 丑대운에는 상관운이라 퇴직하고 자유로운 직업을 가지게 될 것이다. 甲寅대운과 乙대운에는 운세가 다소 주춤해지다가 卯대운에 곤액이 있을 것이다. 조기 발달한 운이니 중년부터는 기운다. 평생 좋은 사람이 어디 있는가?

55 45 35 25 15 5

庚 丙 辛 壬   乙 丙 丁 戊 己 庚

寅 辰 亥 子 **여자**   巳 午 未 申 酉 戌

- 殺重用印格 사주다. 용신인 寅을 향해야 할 일간이 기신인 辛과 합하여 亥 절지를 향하니 나쁜 길로 가는 사람의 팔자다. 풀리지 않는다.
- 결혼은 하고 싶은데 官이 忌神이라 아직 미혼이다. 관이 기신이라 결혼후 아주 불행해진다. 차라리 독신이 낫다. 직업운도 시원찮다.
- 寅이 용신이라 중년부터 나아질 것이라고 말하기 쉽지만 寅이 투간되지 못해 큰 발전은 없다. 金대운은 물론 나쁜 운이고 丁未나 丙午 대운도 용신에 큰 도움이 되지 못한다. 일생

이 그저 그렇게 흘러갈 것이다. 강한 火운은 水火相戰이라 혼란만 온다.

- 庚부친은 寅 절지에 앉고 일간 丙이 절신으로 발동했고 丙이 庚에서 보면 편관칠살이라 단명하셨다.

48 38 28

戊 丙 壬 甲   丁 丙 乙
子 申 申 辰 **남자**   丑 子 亥

- 甲은 멀고 壬에 막혀서 일간을 생조할 수 없으니 壬으로 종해야 하는 종살격이고 壬은 일지에서 솟은 나의 표출신이라 일간대행격이 될 수 있다. 용신은 甲이다. 강한 壬은 설기가 되어야 하니 甲이 설기구고 용신이다. 사주의 짜임을 잘 살펴야 한다.

- 壬이 體가 되면 재성인 丙이 처가 된다. 그런데 丙이 아주 약해서 수차 연애했으나 아직도 미혼이고 현재는 애 둘 딸린 이혼녀와 사귀고 있다.

- 壬이 일간이면 관성이 약해 직장생활은 적응이 안되고 甲식신이 용신이라 술집을 하고 있다. 먹는 장사가 맞는다고 본다.

- 己亥 丙子 대운은 대운지가 水라 壬에서 보면 비겁운이라 돈이 없었고 丁대운에는 丁壬합하니 돈이 내 몸에 붙는다. 빠

르게 좋아지고 있다. 丑대운은 旺神入庫하니 도로 갑갑해지고 관재구설을 조심해야 한다. 입원할 수도 있다. 入庫는 입원이나 감방을 의미한다.

54

己 丙 乙 庚　　　辛
丑 辰 酉 子 남자　卯

- 乙庚合으로 金氣가 秀氣가 되고 지지로는 辰酉합 酉丑합이 있어 종재격이다. 庚이 辰酉합에서 올라갔으니 일간대행격으로 본다.
- 庚이 体가 되면 합신인 乙이 처가 된다. 편재가 없어 정재지만 乙을 부친으로 본다. 乙은 酉 절지에 앉고 庚은 절신발동이라 부친과 처가 다 장애자인데 두 사람 다 하체를 쓰지 못한다. 부친은 단명하셨고 처는 지금까지 살아 있지만 시한부 장애가 있다. 근무력증이라 오래 살 수가 없다.
- 丙이 아들인데 무근하고 설기가 심하며 酉가 사지이고 나 庚이 사신발동이다. 辛대운 乙未년 己卯월 癸巳일 癸亥시에 자식이 군에서 백일휴가 나왔다가 투신했다. 장애인인 처가 목숨 걸고 어렵게 낳은 자식인데 부모 가슴에 못만 박고 가 버렸다.

- 대운간 辛은 酉에서 투출되었으니 사신발동이고 卯월은 酉를 충해서 사신을 발동시켰고 癸일은 丙을 극했으며 癸亥시는 극을 하고 丙을 절지로 보내는 시각이다. 소식을 듣고 나도 많이 울었다.
- 아들인 丙에서 보면 酉는 돈이다. 돈이 死地다. 컴퓨터 오락에 깊이 빠졌다가 좋지 못한 일에 휘말린 듯하다. 부모는 자살이 아니고 타살이라고 믿고 있다. 그러니 더욱 가슴이 찢어질 것이다.
- 사주가 음습하고 재성이 약하니 평생이 불우하다. 부모형제 덕도 지지리 없고 처덕도 부족하고 자식도 그렇게 가 버렸다.
- 음습한 사주에 귀문살이 있어 神氣가 있고 법당을 차려놓았다.

51

庚	丙	壬	甲		戊
子	寅	申	午	남자	寅

- 월지에서 壬이 투간해 편관용인격 사주다. 용신인 寅은 沖破되었고 子의 생조를 받아 겨우 尊命하는 용신이다. 용신이 상처를 입었고 허약하다.
- 년주와 월주는 2급 소용돌이 속에 있어 초년풍파와 진로장애 등을 짐작할 수 있다. 甲은 소용돌이에 휩싸여 일간을 생조

할 수 없다.

- 用神이 충파되니 단명사주라 신장 등의 대수술이 수차 있었다. 옛날이라면 벌써 죽었을 것이다.

- 庚부친이 死地에 앉고 무근하며 일간의 극을 받으니 약하고 庚의 뿌리 申도 충극이 심하고 壬을 투출시켜 그 氣가 심히 허약하다. 부친은 능력이 없고 중풍으로 십수 년 누워 있다가 단명하셨다.

- 庚은 처성이기도 해서 역시 부친과 마찬가지다. 戊대운에 유방암 수술을 받았다. 戊가 뜨면 사주원국의 寅申충이 유발되고 처의 표출신인 壬을 극하기 때문이다.

- 편인인 寅이 용신이라 계산력이 좋아 재무회계 등이 맞으니 은행원이다.

- 편관 壬이 약한 일간을 극하고 지지로는 寅申충이 있으며 2급 소용돌이까지 있으니 성격이 매우 까칠하다. 신경질이 심하다. 편인이 용신이면 잔머리가 잘 돌아간다.

33 23

辛	丙	戊	庚		甲	乙
卯	辰	寅	申	여자	戌	亥

- 신약하나 寅申충으로 寅에 기대기는 어렵고 시지의 卯와 합

해간다. 화토식신용인격이고 卯가 용신이다. 월지 寅에서 戊가 투간되어 식신사주다.

- 寅에서 丙이 올라왔으니 寅이 모친이고 庚은 부친이며 寅申충으로 부모는 이혼했고 卯는 부친의 후처다.

- 寅申충으로 인해 나와 모친은 둘 다 다혈질이다.

- 나 역시 부부궁이 약하다. 辰중의 癸는 입고되고 미약하여 합신인 辛을 남편으로 보니 庚이 또 있다. 같은 재성이니 남편으로 보는 것이다. 庚 다음에 辛이니 庚은 첫 남편이고 辛은 재혼할 남자겠지만 辛이 무근해서 해로하기는 어렵다. 독신이 낫다.

- 丙辛합이 있고 합해서 卯를 찾으려 하니 재혼할 것이나 아내 같은 남편, 책임감 부족한 남편, 무기력한 남편이 걸려들기 쉽다.

- 申중의 壬水를 첫 남편으로 보면 庚은 그 표출신이다. 남편 표출신 庚이 있고 또 같은 재성인 辛이 있으니 재혼지명이라 말할 수 있다. 천간에 투출된 것을 보면 더 확실하고 뚜렷해진다.

- 亥대운에 寅亥로 관성이 합해오니 결혼했으나 寅亥는 破도 되어 이내 불화 속에 살다가 甲대운이 오자 사주원국의 寅申충이 유발되어 첫 남편 庚申과 이혼했다.

壬 丙 丁 辛

辰 子 酉 卯 남자

- 卯酉충으로 기댈 곳이 없어져 종재격에서 종살격으로 변했고 일지에서 올라간 壬이 일간을 대행한다. 일간대행격이다. 변격사주다. 이렇게 사주의 격이 여러 번 바뀌면 인생여정의 굴곡이 심하다. 성격도 복합적이다.
- 壬이 體가 되면 丙丁이 아내다. 壬辰과 丙子는 4급 소용돌이 속에 있고 丙에서 보면 壬이 편관칠살이라 인연이 나쁘니 丙은 이별한 첫 아내이다. 丁은 재혼한 아내인데 丁壬으로 합하고 辰酉로 합하니 사이가 좋다.
- 약한 丙이 변해서 강한 壬으로 되니 여린 듯 강인한 성격이다. 壬辰이 괴강이라 두뇌명석하고 子가 양인이라 카리스마를 부리려 한다. 소용돌이가 있어 폭발성 있는 성격이다.

33

丙 丙 甲 乙　　　庚

申 申 申 卯 남자　辰

- 편재용인격이다. 甲乙이 용신이다. 월지가 강하니 신강하지 않다.

- 水가 없어 기의 흐름이 원활치 못하고 귀문살이 셋이라 판단력이 부실하다. 때때로 이해 못할 짓을 하기도 한다. 그래서 직장체질은 못 되고 木을 이용하는 인테리어 업을 하나 신약사주에 재가 기신이라 돈벌이가 시원찮다.
- 庚辰 대운은 丙申과 4급 소용돌이가 두 개나 겹치고 비 오고 바람 불어 앞이 안 보이는 형국이라 음주운전과 폭행으로 교도소에 갔다. 일지에서 솟은 기신 庚이 乙을 합거하니 좋지 못한 운이다.

13 3

乙	丙	辛	甲		癸	壬
未	辰	未	戌	남자	酉	申

- 火土傷官用印格 사주다. 신약한 일간이 乙에 의지해야 하는데 기신인 辛과 합하니 나쁜 방향으로 운명이 전개된다. 乙은 부모고 공부니 부모의 말이나 공부에는 뒷전이고 돈이나 여자를 탐하는 형국이다. 여자친구는 없었지만 컴퓨터 도박에 빠져 있다가 좋지 못한 일이 생기고 말았다.
- 乙이 용신이고 모친이지만 乙이 未고장지 위에 있고 백호살이며 월간 辛이 노리고 있는데 丙辛의 합이 깨지는 운에는 辛이 乙을 치게 되어있다. 모친은 하체를 못 쓰는 1급 장애인이고 부

친은 백수이고 어설픈 신기가 있어 법당을 차려놓고 있지만 손님은 아예 없다.

- 壬대운은 편관이 일간을 극하려 하는 운이나 다행히 甲木이 막아주어 큰 화는 없었으나 질병이나 부상이 잦고 사시수술까지 받았다. 독사에 물리기도 하는 등 크고 작은 말썽은 끊이지 않았다.

- 申대운은 旺土를 설기시켜 주어 별 탈 없이 잘 자랐으나 癸酉대운이 오자 癸는 丙辛의 합을 깨고 대운지 酉는 기신인 辛이 得祿하여 호시탐탐 용신 乙을 노리고 있다. 癸酉대운은 용신이 있는 시주와 2급 소용돌이까지 일으킨다. 대운지 酉는 약한 일간 丙의 사지이기도 하다.

- 乙未년이 오자 세운지 未가 왕신을 충극하여 지지 전체를 흔들고 庫神을 충발시키며 乙未는 시주와 복음이 되며 대세운이 서로 소용돌이를 또 일으킨다.

乙未년 己卯월 癸巳일 癸亥시에 투신자살로 짧은 생을 마쳤다. 22살이었다. 水가 火를 극하는 시각인데 水는 하강하는 성질이 있고 火는 상승하는 성질이 있어 水火相剋하니 추락사고가 많다. 부모는 도박에 얽힌 일로 타살당했다고 믿고 있다.

41

```
乙 丙 乙 戊        庚 己 戊 丁 丙
未 午 丑 申 남자    午 巳 辰 卯 寅
```

- 火土傷官用印格이다. 월간 乙은 섣달 찬바위 위에서 착근을 못하고 시간의 乙은 일 시주간의 1급 소용돌이에 휩싸여 일간을 生하기가 어렵다. 無情한 사주다.
- 평소에도 언행이 매우 고약하다. 상관 사주라 직선적이고 귀문 원진이 있어 작은 일에 원한을 잘 품으며 태풍까지 있으니 폭발적인 성격이며 독설험구가 심하다.
- 申 부친 하나에 乙이 둘이니 부친이 재혼했으며 時干의 乙이 午未로 합하니 나의 모친이다. 후처 소생이다.
- 寅대운에는 寅申충으로 모친이 별세하셨다. 사주원국의 모친성이 약하면 이런 운에서 더 뚜렷하게 나타난다.
- 상관사주는 기술자가 많고 용신이 乙이니 인테리어업을 한다.
- 庚午대운은 년주와 2급 소용돌이가 일어나 사주원국의 1급도 같이 분다. 乙未년에는 乙未가 일간과 또 1급의 소용돌이가 일어나니 모든판단력이 상실된다. 원래 신약한 사주이고 판단력이 부실하며 성질이 고약한 사주니 이런 운에 더욱 흔들린다.
- 갑자기 미친 듯이 독설험구를 퍼붓고 처를 달달 볶고 폭행하며 기물을 파손한다. 丑중의 辛이 처인데 세운지 未가 丑未沖으로 부부궁을 흔든다.

```
                              48  38  28  18  8
    辛  丙  丙  乙        辛  壬  癸  甲  乙
    卯  寅  戌  未 남자    巳  午  未  申  酉
```

- 寅과 戌 사이에 午가 협공되어 있어 火局이니 신왕한 사주다. 官이 필요하나 주중에 없고 財를 쓰자니 辛은 쟁합이 심해 쓸 수가 없다. 다음으로는 설기자가 필요하다. 戌未로 설기를 해야하는데 둘 다 燥土이고 刑맞아 있다. 어느 것 하나 쓸만한 五行이 없으니 무정한 사주다.

- 辛이 쟁합이 심해 처궁과 금전운이 나쁘다. 이혼하고 재혼했으나 또 이혼하려 한다.

- 癸대운에 월간 丙을 잡아주어 경쟁자를 없애니 결혼했으며 未대운에 戌未형이 중첩되어 戌중의 辛을 마저 형출시키니 월간 丙이 합거해 버린다. 未대운에 이혼했다.

- 壬대운에도 월간 丙이 사라지니 재혼했으나 午대운이 오자 寅午戌 삼합으로 火가 더욱 강해져 辛이 또 녹는다. 寅午戌 삼합으로 동업사가 일어나 火局이 약한 財를 녹이니 동업으로 돈을 다 날리고 이혼의 위기에 섰다.

- 未와 戌이 조모님인데 백호에 형살맞아 한 분은 비명횡사하셨다. 辛은 조모님의 표출신이기도 하니 쉽게 상한다.

41

戊 丙 戊 戊　　　　癸
戌 辰 午 戌　여자　丑

- 일간이 약하지는 않지만 태왕한 식신을 감당할 수는 없다. 母
  衰子旺이니 딸 셋 중에 하나가 애물단지다.
- 辰중의 癸가 남편이나 심히 약하고 辰戌의 충으로 沖出되면
  戊가 합거해 버린다. 여명에 일과 시에 辰戌의 충이 있으면 고
  독지명이니 부부이별할 명조다. 남편의 심한 주벽으로 이혼했
  다. 남편 癸가 약하니 자꾸 물이나 술을 퍼마실 수밖에 없다.
- 대운간 癸는 辰에서 올라온 남편의 투출신인데 강한 戊土들
  이 합거를 해버리고 대운지 丑은 辰丑破로 辰중 癸를 沖出시
  키니 강한 土에 의해 합거되어 버린다.

21

```
辛 丙 辛 壬        戊
卯 寅 亥 午 여자    申
```

- 이 사주는 육친관계가 특이하다. 辛재성은 시모님이다. 편재
  가 없으니 정재를 시모님으로 본다. 辛과 합하는 일간 丙을
  시부님으로 본다. 일간은 반드시 본인만으로 볼 수는 없고
  다른 육친이 될 수 있다.
- 월간의 辛은 무근하고 壬亥에 설기가 심해 흘러가 버리는 인
  연이고 時干의 辛도 무근하고 卯절지에 앉으니 시부님은 결혼
  에 두 번 실패하고 세 번 장가를 드신 분이다.

- 午가 남동생이고 그 표출신은 일간 丙이니 상황은 시부님과 동일하다. 남동생도 이혼했다. 앞으로 재혼해도 해로는 역시 어렵다.

- 일간 丙이 辛합신이 둘이고 壬 편관이 또 있으니 역시 부부궁이 불길하다. 남편 壬이 년지 午중의 丁과 명암합하고 있으니 바람기가 많다. 남편의 뿌리인 亥는 寅에 破가 되고 卯에 사지가 되니 부부불화가 극심하고 이혼을 입에 달고 살아왔다.

- 印星이 강하고 土星이 약하니 자식애로가 있다. 寅亥合으로 寅중의 戊자식이 절지인 亥를 만나 그 氣가 끊어진다. 申대운에 寅申沖으로 충출된 戊가 亥 절지에 이르러 죽었다.

- 딸도 이혼하고 재혼했으나 불화가 심해 또 이혼하려고 한다. 午중의 己와 寅중의 戊는 자식인데 모두 표출신이 일간과 동일하고 辛과 합하면 亥절지로 간다.

- 자식이 한 명 죽고 아들딸이 한 명씩 남았는데 아들은 심장이 나쁘다. 인성이 왕하면 인색한 사람이 많고 자식이 안 풀린다. 그러니 적당히 베풀고 살아야겠다. 식상은 자식이고 베푸는 마음이다.

- 申대운에 寅申충으로 寅亥의 합이 깨져 부부풍파에 금전애로가 많았고 자식이 죽었다.

22 12 2

癸 丙 丙 乙　　　癸 甲 乙

巳 戌 戌 丑 남자　　未 申 酉

- 설기가 심하여 약해진 사주를 시지 巳가 잘 잡아주고 있어 귀록격 사주다. 신왕 신약 여부를 떠나 천간에 뜬 比劫은 잡아주는 것이 좋고 癸가 그 역할을 하고 있다. 도둑 잡는 사주니 회계사 시험 준비를 하고 있다. 재무회계로써 비리를 잡아내는 것도 도둑 잡는 일이다.

- 巳중의 庚이 부친이고 그 표출신이 丙으로 나타나 있는데 癸가 노리고 있다. 癸대운에 癸가 강해지니 부친이 급사했다. 월간에 丙이 있으니 형이다.

- 火土食神比劫扶身격 사주다.

丁일간

52 42 32 22

庚 丁 丁 丁   癸 壬 辛 庚

戌 未 未 酉 여자   丑 子 亥 戌

- 未중의 乙편인이 있어 두뇌회전이 빠르고 계산적이다. 관성이 없으니 일지의 乙과 명암합하는 庚을 남편으로 본다. 庚戌 괴강에 놓인 남편이라 허우대는 훤하나 燥土不生金이고 형살 위에 놓이고 쟁재가 심하니 겉만 번듯한 애물남편이다.

- 비겁이 重重하고 庚은 戌이 홍염살이라 바람둥이 남편이고 무기력한 남편이다. 돈만 축낸다. 庚이 남편이라 庚대운 초에 결혼했으나 이내 애물단지가 되었다.

- 壬子 대운에 丁壬으로 합하니 나머지 丁들이 난동을 벌여 군비쟁재가 더 심해졌다. 대운지 子는 庚의 사지이고 원래의 남편성인데 강한 戌未未와 전투가 벌어지고 원진살이 거듭되니 子대운 초에 이혼했다.

- 庚 부친 하나에 乙 모친이 둘이라 부친이 재혼했다.

- 庚이 재성이고 강한 金을 丁丁丁 용광로의 불들이 제련시키

는 형상이라 철강제품 영업사원인데 잘 벌 때는 한 해 수억을 벌기도 했으나 군비쟁재가 심해 뜯기는 곳이 많아 돈은 없다.

- 庚은 이 여성의 폐나 기관지를 뜻한다. 군비쟁재가 심하니 폐 암수술을 받았고 그 이듬해 자궁적출 수술도 받았다. 소식이 끊어졌으니 저세상 사람일 것이다.

						62	52	42	32	22
甲	丁	癸	己			庚	己	戊	丁	丙
辰	巳	酉	亥	여자		辰	卯	寅	丑	子

- 편재용인격 사주다. 亥가 남편인데 巳亥충으로 이별할 것을 酉가 巳酉로 합하여 말리고 있다. 酉가 합충되는 운이 오면 巳亥충이 일어난다. 丑대운에 酉丑으로 합해서 酉가 자기의 역할을 상실하자 바로 巳亥충이 일어나 이혼했다.
- 신약사주에 편관인 癸가 바싹 옆에 붙어서 극하니 남편으로 인한 애로가 많고 生水하는 酉財도 기신이라 금전애로가 많았다.
- 戊대운이 상관운이라 재혼하기 어렵다고 말할 수도 있겠지만 기신인 癸를 합거시켜 주니 재혼을 했다. 재혼남편이 처음으로 시작한 공장이 날로 번창하여 돈도 많이 모았다. 寅대운까지는 좋다.

- 己대운은 용신이자 남편의 표출신인 甲이 合去로 주춤하니 다시 재혼남편이 보기 싫어지고 남편의 사업도 주춤해질 것이다. 甲이 합거되는 운에는 신경성 병이나 뇌혈관 계통의 病을 조심해야 한다. 甲은 머리다.
- 신약사주에 辰巳 지라살이 있어 신경질이 심하고 정서가 불안한 면이 있으니 上記한 병들을 조심해야 한다.
- 癸가 丁을 치는 경우에(水가 火를 극함) 뇌혈관 계통이 위험하다.
- 卯대운은 卯酉충으로 다시 巳亥충이 일어나니 부부불화나 이별사가 예상된다.

28

乙 丁 甲 丁　　丁
巳 未 辰 未　여자　未

- 관성이 없어 일지의 지장간 己와 합하는 甲이 배우자다. 甲이 未未를 보고 있으니 양다리 걸치는 형상이라 남편이 재혼하든지 바람을 피우게 된다. 또 남편이 한 가지 일에 집중이 안되고 양손에 떡을 쥔 형상이라 하는 일이 자주 바뀐다. 甲이 입고하는 未대운에 이혼했다.

丙 丁 壬 庚　　　甲 乙
午 卯 午 戌 남자　申 酉

- 旺火에 金이 녹으니 燥土不生金이라 종왕격 사주다. 설기하는 戌이 용신이나 燥土라 설기구가 약하다.
- 종왕격에는 庚과 壬이 기신이라 부친은 단명하셨고 첫 아내와는 이혼을 했다.
- 乙대운에 기신인 庚을 합거시키고 내 투출신인 乙이 合神 庚을 만나고 乙이 일지의 도화살에서 솟아 연애결혼을 했으나 酉대운에 기신인 庚이 강해지고 일지와 卯酉충되니 불화 끝에 헤어졌다.
- 甲대운에 운세가 호전되고 일지의 卯 도화에서 甲이 솟아 庚을 치니 재혼했지만 申대운에 기신 庚과 壬이 강해지고 卯申 귀문살이 들어 다시 불화중이다.
- 丙午 여형제들이 性情이 강하고 水가 약해 부부애로 속에 살아간다.

34 24

壬 丁 甲 壬　　　戊 丁
子 丑 辰 戌 남자　申 未

- 火土傷官用印格이나 甲辰과 丁丑 사이에 2급 소용돌이가 있어 甲이 제 역할을 제대로 하지 못한다. 용신인 甲과는 바람 속에 서 있고 기신인 壬과 쌍합하여 가면서 甲의 생조를 마다 하니 나쁜 길로 가는 팔자이다. 해서 안될 짓만 골라 하는 형국이다.
- 甲이 生木이고 庚이 없어 벽갑인정(碧甲引丁)이 안되니 더욱 불미하다.
- 기신과 합하고 傷官 見官이며 소용돌이까지 있으니 판단력이 흐리고 주벽에 카드빚까지 많다.
- 丁대운에 丁이 戌에서 올라오니 사주원국의 辰戌충이 유발되어 제정신이 아닌 상태로 백수로 살아간다.

56

己 丁 庚 丁　　丙
酉 卯 戌 酉　여자　辰

- 火土傷官用印격 사주이고 용신인 卯가 충받고 戌에 入墓까지 되니 용신수상이다. 용신이 허약하니 단명사주이다.
- 丙辰대운은 일주와 1급 소용돌이가 일고 辰戌의 충을 일으키니 노한 戌이 卯를 마저 입고시켜 버린다. 유방암 1기에서 발견했으나 공격성 암이라 예후가 나빠 죽고 말았다. 남편은 육

합하는 戌이다. 이런 사주는 결혼후 多病 또는 短命한다.

53 43 33

癸 丁 丁 癸   辛 壬 癸

卯 巳 巳 卯 남자   亥 子 丑

- 종왕격 사주에 癸는 기신이다. 忌神이 바싹 붙어 있어 불길하다.
- 癸대운에는 편관이 가세하여 병명미상의 병으로 고생했고 丑 대운에는 旺한 火가 설기되고 식신운이라 병이 다 나았다.
- 壬대운은 丁壬合木으로 종격을 거스르지 않아서 무탈했으나 子대운이 오자 기신인 편관 癸가 子에 득록하고 子卯 음형살이 두 개나 겹치니 초기간암으로 수술받았다. 아주 위험한 운이다.
- 辛亥 대운은 대운이 월 일주와 천충지충하니 왕신충발하고 종격에 역하는 운이라 終命이 예상된다.

52 42 32 22

戊 丁 丙 丁   壬 辛 庚 己

申 卯 午 未 여자   子 亥 戌 酉

- 건록격이다. 신왕하고 조열한 사주다. 용신은 申중의 壬水다. 갈증을 달랠 수 있고 비겁을 제압해야 한다. 戊와 申도 희신이다.
- 건록격에 상관생재니 내 힘으로 이럭저럭 먹고 살았다.
- 년지 未는 일지의 卯와 암합하고 자식이기도 해 첫 남편이다. 午未로 합하여 사주를 더욱 조열하게 하고 午未합으로 인해 비겁으로 변하니 돈이 안되고 바람기가 있으며 성질이 더러운 남자다. 그런데 이혼후 전남편이 자꾸 풀려나간다고 한다. 누구를 원망하랴?
- 己대운에 己가 未에서 올라오고 未는 홍염살이기도 해 연애로 결혼하여 1남 1녀를 두었다.
- 酉대운은 卯酉충으로 금전고통이 크고 庚대운은 군비쟁재로 먹고 살기도 어렵다. 불화 속에 살았다.
- 戌대운은 남편인 未를 형하고 상관운이라 이혼하고 딸만 데리고 나왔다.
- 辛대운은 군비쟁재가 심해 자식을 데리고 사느라 금전고통이 크다.
- 亥대운은 용신이 강해지고 官운이라 남자가 생겨 동거중이고 결혼할 예정이다.
- 申중의 壬이라 새시(sash) 계통의 기술자이고 자영업을 한다. 슴이 잘 맞고 데리고 간 딸과도 잘 맞는다고 한다. 北方水운에는 조후와 억부가 되어 편하고 풍족할 것이다.

31

```
甲 丁 甲 辛        戊
辰 酉 午 丑 여자    戌
```

- 辰중의 癸는 입고되고 약해서 못쓰지만 辰酉로 합하여 生水
  가 되니 남편으로 볼 수 있다. 辰酉의 합이 깨지는 운에는 문
  제가 생긴다.
- 戌대운에 辰戌충하니 辰酉의 합이 풀리고 辰중의 癸는 생조
  를 받지 못하고 동시에 沖出된 戌중의 戊에 합거되었다. 그래
  서 이혼운운하며 싸우고 있다.

45 35

```
壬 丁 己 丙        甲 乙
子 亥 亥 午 여자    午 未
```

- 이 사주는 일반정격으로 풀면 정확한 감정이 안된다. 일간이
  약해서 년주 丙午에 기대야 한다고 하겠지만 丙午는 멀고 亥
  亥 두 개의 큰 바다를 건너올 수 있겠는가? 오히려 己를 생해
  서 일간을 더 설기시킬 뿐이다. 조금 더 깊이 생각하자. 氣는
  전달이 되겠지만 뿌리가 될 수는 없다. 午에서 丙己丁이 다 투
  간되어 午는 허하다.

- 從官格으로 봐야 하고 假從格이다. 일지에서 올라간 나의 표출신이자 합신인 壬이 일간을 대행한다.
- 합신인 丁이 남편이다. 丁은 午에서 나왔고 己도 午에서 나왔으니 己도 남편의 표출신이라고 볼 수 있다.
- 壬体가 丁을 합해서 子 절지로 끌고 온다. 合絕이다. 乙대운에 또 하나의 남편 표출신인 己를 쳐서 남편이 죽었다.
- 丙과 丁도 부친의 같은 기운이라고 본다. 丁과 합하는 壬은 나도 되고 모친도 되니 모녀간에 팔자가 닮았다고 할 수 있다. 모친도 일찍 과부가 되었다. 팔자나 용모 성격 등이 닮았다고 본다.

				54	44	34	24	14	4
辛	丁	辛	辛	乙	丙	丁	戊	己	庚
亥	巳	丑	丑 남자	未	申	酉	戌	亥	子

- 巳亥충이 있고 巳丑 반금국으로 종재격 사주가 되었다. 巳가 기반되니 배신과 이용을 잘 당한다. 기신인 巳를 쳐주고 旺金을 설기시키는 亥가 용신이다.

戊일간

25

辛 戊 癸 壬　　　庚
酉 午 卯 寅 여자　子

- 관성태과하고 혼잡되어 있어 부부불화로 별거한 적이 있다. 합가했지만 언제나 불만이다. 신약하고 관살이 태과하니 시주의 상관으로 制殺을 하고 싶으니 성적 욕구가 강하다. 이 여성의 바람이 수차 있었다.

- 인수가 용신이고 상관으로 관을 억제하니 초등교사였다. 子대운에 퇴직하고 꼿꼿이 강의를 하고 있다. 子대운은 子午충인데 子午충은 허리나 다리에 탈이 잘 난다. 허리를 다쳐 수술을 받았다.

- 추명가에 보면 戊己일간이 년월에 壬癸를 보면 두 시어머니에 절한다고 되어 있다. 아마도 관살이 혼잡되는 구조이니 그렇게 읊었나 보다. 재혼은 하지 않았으나 남자가 여럿이니 시어

머니도 여럿인 셈이다.

- 壬이 부친인데 무근하고 卯에 死地가 있어 무능력하게 살아오다가 단명하셨다. 壬에서 보면 寅중의 丙, 午중의 丙丁 이렇게 처성이 많다. 부친이 세 번 결혼하셨고 모친은 후처인데 단명하시어 계모 슬하에서 자랐다. 세 배 형제가 모두 넷인데 배다른 오빠는 일찍 죽었다. 柱中에 土는 일간까지 모두 셋이다.

43 33

乙 戊 癸 壬　　　戊 己

卯 午 丑 寅 여자　申 酉

- 앞 사주와 비슷한 구조인데 이 여성은 이혼한 후 총각과 재혼했다. 癸가 월지에서 올라가 정재용인격 사주다. 신약사주에 재관이 강하니 돈과 남편으로 인한 애로가 많다.

54 44

丙 戊 丁 丙　　　辛 壬

辰 戌 酉 戌 여자　卯 辰

- 土金傷官用傷官격이다. 酉로 설기하니 금은방을 한다. 酉는

물상이 보석이나 거울 등이다. 酉戌반금국으로 설기구가 조금 넓어졌다.

- 酉가 자식이고 戌중의 辛도 자식이다. 辰대운에 辰戌의 충으로 戌중의 辛金이 충출되니 丙丁火가 극하고 합거해 버려 장남이 병으로 죽었다. 戌이 급각살이고 戌중에 있던 자식이라 소아마비로 장애가 있었는데 27살에 저세상 사람이 되어 버렸다.

- 하나 남은 아들은 잘 살고 있고 酉가 용신이라 효순하고 잘 풀려간다.

- 인수성이 많으면 편인으로 작용해서 식상을 극한다. 남녀간에 時上 편인은 해롭다고 하며 실제로 자식의 액이 많음을 수차 보았다.

```
丁 戊 甲 庚        庚
巳 辰 申 子  여자   辰
```

- 申子辰 水局으로 뿌리가 상실되어 丁巳에 기대니 土金食神用印격이다. 교사였다.

- 재다신약에 財生官이라 돈 벌어다 주고 뺨 맞는 형국이다. 평생 돈이나 남편으로 인해 허덕이는 사주다. 대운마저 木운이라 고통은 더 심하다. 어떤 운이 와야 저 거대한 물줄기를 막을 수

있겠는가?

- 남편이 바람에 노름까지 심해 가출해 버렸다. 그래서 그 빚까지 짊어진 채 이혼했다.
- 庚이나 申은 4급 소용돌이 속에 있고 金沈水低로 떠내려가니 내 자식이 아니고 용신인 巳중의 庚金이 내 딸이다. 데리고 왔다. 용신 속에 있으니 자식 인연은 괜찮다.
- 辰대운은 용신인 丁巳가 더 설기되고 辰은 형제다. 동생 빚보증이 터져 퇴직금으로 빚 갚느라 초등교사를 그만두고 학원에서 강사를 하고 있다.

47 37 27 17

庚 戊 甲 壬　　　己 庚 申 壬

申 子 辰 子 여자　　亥 子 丑 寅

- 金生水 水生木으로 최종자 甲으로 종하는 종살격이다. 종살격에는 庚이 기신이고 庚申金은 水局에 떠내려가고 子子는 庚申의 사지가 되니 불임으로 무자식이다.

丁 戊 庚 甲

巳 申 午 午 남자

- 상관무재라 노력은 많이 하나 결실이 적다. 양인격 사주이고 신강하니 庚이나 申이 용신이나 火金이 교쟁하니 용신이 약하다.
- 申중의 壬이 부친인데 인수성이 중첩되니 부친이 재혼하셨다. 부친과 육합하는 巳가 모친이고 巳중에 나의 뿌리 戊가 있다. 午는 부친의 전처다.

甲 戊 壬 戊
寅 寅 戌 申 여자

- 甲이 남편성인데 寅寅이 있어 재혼지명이다. 甲 편관이 바싹 붙어 극하니 남편애로가 있고 급병이나 급사고를 조심해야 하는 사주다.
- 寅과 戌 사이에 午가 숨어 있어 寅午戌 火局으로 일지의 寅이 타버리니 이혼한 첫 남편이다. 辛은 자식인데 역시 火局 속에 녹는다. 이혼할 때 딸을 두고 나와 영이별이 되었고 서로 소식을 모른다. 차라리 이런 상태가 딸의 명땜이 되는지도 모르겠다.
- 일간이 약하지 않으니 甲이 필요하겠지만 직접적인 극이 심해 재혼도 시끄럽게 살아간다. 일지의 火局으로 살인상생하니 친화력이 있다고 말할 수는 없다. 편관이 왕하고 년월주의 4

급 소용돌이 때문에 성질이 아주 고약하다. 말이 안 통하는 여성이다. 말수는 적은데 고집이 불통이다. 지극히 자기중심적이다.

- 甲이 재혼남편인데 寅에 뿌리가 있어 봄총각이니 총각과 재혼하여 딸 하나를 더 낳았다.
- 년간의 戊는 형제성인데 壬은 그 형제의 아내이니 올케가 되는 셈이다. 戊申과 壬戌 사이에 4급 소용돌이가 있으니 오빠도 결혼생활이 짧게 끝났다. 남매가 다 이혼했다. 오빠도 굉장히 독특한 성격이라 이혼후 20년 넘게 독신으로 살아간다. 소용돌이는 오빠에게는 직접적으로 작용한다.
- 甲이 寅에 뿌리가 있어 재혼남과는 지지고 볶으면서도 20년 가까이 살고 있다.

戊 戊 甲 戊　　　庚 己 戊 丁 丙 乙
午 午 寅 戌 남자　申 未 午 巳 辰 卯

- 寅午戌 삼합이 있어 寅이 사라지니 甲은 불에 탈 뿐이다. 甲은 용신이 아니고 火가 왕하니 종강격 사주다. 火土燥熱하고 설기자가 없으니 甲은 쓸모가 없어 직업운이 부실하고 일생이 갑갑하다.
- 甲이 오히려 기신이니 자식애로도 크다. 아들이 가출을 밥 먹

듯이 하다가 단기하사관이 되었으나 이내 그만두었다.

- 처성이 없으니 일지 속의 己와 합하는 甲이 처다. 甲은 처도 되고 자식도 된다. 甲이 기신이니 처자식이 둘 다 애물단지다. 불구덩이 위에서 타고 있어 목마른 나무라 처가 주색에 빠져 집안 재산만 탕진한다.

- 역마관이라 덤프트럭으로 자영업을 하나 벌이는 시원찮고 새는 곳은 많다. 庚申대운은 甲寅을 天沖地沖하니 처자식의 애로가 더 커지고 이별할 수도 있다.

庚 戊 戊 癸
申 寅 午 丑 여자

- 癸가 戊와 쟁합하고 있어 癸를 차지하려면 빠르게 달려가야 하니 민첩하고 운동에 소질이 있다.

- 申중의 壬이 부친이지만 천간에 투출된 癸도 부친성이다. 쟁합하고 있어 부친이 두 여자와 합하는 형국이라 나는 첩의 자식이다. 일간은 나이기도 하지만 모친이기도 하다. 그렇게 보지 않더라도 지지에 寅午로 합하여 인수국이 있으니 모친이 여럿인 형국이다.

                              34 24

    癸 戊 壬 庚   丙 乙

    亥 辰 午 申 남자   戌 酉

- 양인격 사주인데 신약하니 午 양인에 의지해야 한다. 인수에
  의지해야 할 사주가 기신인 癸와 합하여 절지로 가니 운명이
  나쁘게 전개된다. 신약하고 귀문살이 있으며 合絶까지 하니
  판단력이 부실하다. 외아들이라 별로 나무라지 않고 키운 점
  도 화근이다.

- 년월주간에 2급 소용돌이가 있어 더욱 午가 일간을 생하기
  어려워진다. 癸는 돈이나 여자이다. 오락과 도박에 빠져 자꾸
  빚을 지니 가난한 부모가 죽을 지경이다.

- 酉대운부터 더욱 정신을 못차린다. 酉는 일간을 더욱 신약
  하게 하고 일간의 사지이며 辰酉로 합하여 生水하니 아주
  나쁜 운이다.

- 乙未년 정초에 부모가 상담하러 오니 필자가 하는 말이 금년
  에 부친보다 훨씬 젊은 남자가 한 명 죽을 것이라고 했단다.
  그래서 조금 짐작은 했다고 한다. 차마 아들이 죽을 것이라
  는 말을 못해서 우회적으로 한 것 같은데 나는 기억이 나지
  않는다.

- 丙戌대운 乙未년 어린이날에 이 총각이 목을 매어 죽고 말았
  다. 乙未년은 일주를 향해 3급의 소용돌이가 돈다. 사주원국

의 소용돌이도 같이 돈다. 모든 판단력이 상실된다. 대운지
戌은 辰戌충으로 약한 뿌리를 치니 기댈 곳이 하나도 없다.
젊은 나이에 부모형제의 가슴에 못만 박고 세상을 등졌다.
누나가 셋인데 작은 누나의 이혼위자료까지 노름빚으로 탕진
했다.

• 누나들이 와서 하는 말이 "선생님이 미리 그런 말을 해주셨기
때문에 부모님이 팔자려니 하면서 좀은 위안 아닌 위안이 된
다고 합니다."라고 했다.

〈총각 부친의 사주〉

				72	62
辛	乙	甲	乙	丙	丁
巳	卯	申	酉 남자	子	丑

• 지지나 지장간 속의 庚은 딸들이고 時干의 辛이 아들인데 巳
死地 위에 있고 뿌리가 좀 멀다. 나의 일지 卯는 辛의 절지이기
도 하다. 편관이 바싹 옆에 붙어 있어 불길하니 자식의 애로다.

• 丁丑대운은 辛을 극하고 丑에 입고시키는 운이라 대운 내내
아들이 애를 먹이다 결국은 죽고 말았다. 丁丑 대운은 일주
와 2급 소용돌이가 돈다. 더구나 乙未년은 월주와도 1급 소
용돌이가 돈다.

- 卯酉충으로 辛의 뿌리인 酉가 충거될 것을 申이 말리는 역할을 하고 있는데 대운지 丑에 입고되고 두 개의 소용돌이에 휘말려 申이 역할을 상실하고 말았다. 卯酉충까지 일어나니 속절없이 비극이 터진 것이다.

  단편적으로만 감정을 할 것이 아니고 바둑의 수를 읽듯이 좀 더 깊이 추론해야 한다.

- 사주원국에 甲乙卯 등이 많아 칡덩굴과 같고 약한 辛을 칭칭 감으니 목을 매는 형상이다. 또 甲乙은 辛의 절지 卯에서 올라와 墓神 발동된 것이다. 이래저래 비극은 막기 어렵다.

〈총각 모친의 사주〉

丁 庚 丙 己　　　癸
亥 寅 子 丑　여자　未

- 丁과 亥는 명암합하고 있어 한몸이니 亥가 아들이고 丁이 남편이다. 亥가 寅亥로 합파가 되니 자식이 죽을 팔자이다.

31　21

丁 戊 辛 乙　　　丁 戊
巳 申 巳 丑　남자　丑 寅

- 건록격 사주이고 丁巳가 용신이나 申에 기반되어 용신이 허약하다. 년월주끼리는 4급, 월일주끼리는 3급의 소용돌이가 있어 성장기에 불우하게 자랐다.

- 부친 壬이 기궁하는 申도 부친의 기운인데 巳申으로 이중의 육합이 있어 부친이 재혼했다. 부모가 이혼하고 각자 재혼했다. 丁巳가 계모인데 계모 밑에서 자랐다. 申은 기신이라 부친 덕이 없다. 직업운이 부실하고 개념이 없는 부친이다.

- 월지의 巳가 모친이고 巳중의 丙이 丑중의 辛과 합하니 辛이 모친의 재혼남이다.

- 寅대운에 寅巳申 3형살이 일어나 한국에서 차사고로 관재가 일어났다. 寅이 일간의 장생지이고 寅巳申 삼형살은 정리 변경 등의 의미도 있어 호주로 갔으나 행방불명이 되었다. 丁대운이니 죽지는 않았을 것이고 불법체류로 인해 숨어 있을 것이다.

49 39 29 19

乙 戊 乙 辛   庚 己 戊 丁

卯 戌 未 亥 여자   子 亥 戌 酉

- 正官用比劫扶身격이다. 신약사주에 官局을 지어 일간을 극하니 남편애로가 크다.

- 酉대운에 卯酉충으로 왕한 관살을 쳐서 부부궁이 좀 맑아지니 결혼했으나 결혼과정이 좀 시끄러웠다. 합하는 것은 충해야 결혼이 성사된다. 대운지 酉 속에 庚辛이 있어 그 대운에 아들딸을 하나씩 낳았다.

- 戌대운이 오자 戌未형으로 미약하나마 약한 뿌리 역할을 하던 未를 쳐서 木의 극이 더욱 심해지고 木局이 무너지자 木의 난동으로 일간은 더욱 심한 극을 당한다. 木의 극이란 남편애로를 뜻한다. 남편과 사별했다. 더구나 대운지 戌은 卯를 入墓시킨다.

- 亥부친이 亥卯未 木局으로 인해 사지에 이르니 10살 이전에 사별했다. 년주는 10여 세 전을 뜻한다.

- 卯戌합에 의해 戌중의 辛이 녹으니 자식애로도 많다.

		43	33	23	13	3
癸	戊	丁	己	壬	辛	庚	己	戊
丑	申	卯	亥 여자	申	未	午	巳	辰

- 正官用印격 사주다. 亥卯로 합하여 丁을 생한다고는 하지만 濕木生火不能이라 용신이 허약하다. 丁으로 향해야 할 일간이 기신인 癸와 합하니 좋은 운명은 못 된다.

- 신약사주에 재관이 기신이고 관국까지 있어 돈과 남편으로

인해 평생 허덕여야 한다. 未대운에 丑未충으로 미약한 뿌리를 치고 남편궁 癸丑을 흔드니 戊癸의 합이 깨져 41살에 이혼했다. 그런데 그 이듬해 이혼한 전남편이 갑자기 죽었다.

- 년월주에 官局이 있어 단명한 형제가 많다. 己를 남형제로 보면 亥는 올케가 된다. 亥가 卯 사지를 보고 있고 삼합하면 亥가 죽는 형상이니 남형제도 부부해로하기 어렵다.

24

癸 戊 庚 丙 　　　 丁
亥 戌 寅 辰 여자 　 亥

- 辰중의 乙이 첫 남편이다. 자식인 庚과 합했기 때문이다. 辰戌의 충이 일어날 것을 寅이 말리고 있는데 寅이 합충되는 운에는 寅이 자기의 역할을 상실하니 辰戌의 충이 일어난다. 亥대운이 오자 寅亥합으로 인해 辰戌의 충이 일어나 이혼했다.
- 첫 결혼은 丁대운에 했다. 신약한 사주에 생조운이 오고 丁이 일지의 배우자궁에서 솟았기 때문이다.
- 합신인 癸亥는 재혼한 남편인데 신약한 일간을 合絶시키고 천문살이 있어 남들 보기에는 잉꼬지만 남편의 바람이 잦아 불화가 심하다. 신약사주에 財官은 病이고 寅과 辰 사이에 卯가 숨어 있어 방합이라 관살이 강하다.

49

```
庚 戊 乙 己        庚
申 戌 亥 亥 여자    辰
```

- 재관은 왕하고 戌이 유일한 의지처다. 水가 넘치니 신장이 약해 10년 넘게 투석중이다.
- 辰대운이 가장 위험하다. 단명사주이다. 일간이 태약하고 亥 절지를 두 개나 보고 있다.
- 戌중의 丁이 모친이고 일간은 모친의 표출신이라 모친도 단명하셨다. 모녀간에 운명이 비슷하다.

19

```
壬 戊 乙 甲        丁
戌 申 亥 子 남자    丑
```

- 財多身弱比劫扶身格이다. 재관은 왕하고 戌이 유일한 의지처이기는 한데 申戌 반금국으로 戌이 약해져서 불길하다. 직업운과 재물운이 부실하고 처덕도 부족한 사주다. 한마디로 평생 돈이나 처로 인해 허덕이는 팔자다.
- 丑대운이 오자 용신인 戌을 친다. 乙丑년을 만나 거듭 丑戌형이 일어나니 戌중의 丁火가 刑出되어 時干의 壬이 합거해 버

166   新 역의 향기

렸다. 모친이 과로로 인해 뇌혈관이 파열되어 급사하셨다. 丁
은 모친인데 백호살에 걸려 있고 丁丑 백호 대운이 壬戌 모친
궁을 쳤다. 己丑년은 壬戌 시주와 3급 소용돌이가 일어나 연
월일주에 있는 1급, 3급 소용돌이까지 같이 불어 큰 풍파가
왔다.

- 년월주에 소용돌이가 많으면 초년에 가정우환과 진로장애가
많다.

47

甲 戊 辛 辛　　　丙
寅 午 卯 丑 남자　戌

- 正官用印격이다. 卯는 자라오르기 무섭게 辛이 자르려고 노리
고 있고 甲寅은 火局에 탄다. 얼핏 관성이 강해 보이지만 강
한 木은 아니다.
- 丙대운이 오자 丙辛합으로 하나 남은 辛이 난동을 부려 木을
노리고 있다. 寅午戌 火局으로 甲寅은 더 약해진다. 己丑년을
만나 가뜩이나 대운에서 辛의 극을 받고 있는 甲을 甲己로 합
거시켜 자식운이 위험하다. 중학생인 딸이 학교의 축대에서
떨어져 중상을 입었으나 살아났다. 옛날이라면 사망했을 것
이다.

- 같은 날 딸은 학교에서 다치고 처는 계곡에서 떨어져 큰 부상을 당했다. 丑중의 癸가 처이긴 하나 멀고 숨어 있어 투간한 甲을 처로 본다. 일지의 己와 합했으니까. 그래서 甲은 처도 되고 딸도 된다. 같은 논리로 처도 위험하니 큰 부상을 입은 것이다. 오행의 깊은 이치를 깨달아야 한다.

丁 戊 壬 丙
巳 子 辰 辰　여자

- 辰중에 정관인 乙이 있고 합신인 癸도 있다. 그런데 辰 비견 속에 있어서 처녀인데도 꼭 유부남만 사귄다. 합신인 癸가 애인도 되고 돈도 되니 돈을 보고 사귀는 측면이 있다.
- 부친은 壬이고 모친은 丁이며 년간의 丙은 부친의 첫 부인이다. 辰辰은 배다른 형제들이다. 형제가 모두 넷인데 辰辰 自刑으로 旺水에 떠내려가니 한 명은 단명했다. 시주의 丁巳는 모친인데 나와 뿌리를 같이 한다.

22

丁 戊 丁 庚　　　庚
巳 申 亥 申　남자　寅

- 時祿格(貴祿格) 사주이다. 巳가 용신이지만 巳申으로 형합되어 약하다. 寅대운에 寅申충으로 巳申의 형합이 풀어져 巳祿이 살아나니 사법고시에 합격했다.
- 월지의 亥는 부친인데 巳亥충이 일어날 것을 申이 말리고 있는데 寅申충으로 申이 그 역할을 상실하자 바로 巳亥충이 유발되어 부친이 급사했다. 아들이 사시에 합격하자 바로 별세하셨다.
- 년월주끼리 3급 소용돌이가 있는데 庚寅대운은 시주와도 3급의 소용돌이가 일어나고 申亥 육해살까지 가세하니 亥가 견딜 수가 없다.

戊 戊 庚 辛　　　乙 丙 丁 戊 己
午 子 寅 丑 남자　酉 戌 亥 子 丑

- 子丑의 合이 있어 丑중의 癸가 본처이다. 그러나 멀고 년월주간의 1급 소용돌이에 밀려 제대로 합을 할 수가 없다. 일지의 子는 첩으로 밀고 들어온 후처다. 子午충으로 역시 불화 속에 산다.
- 년지에 재성이 있어 조혼했다. 子대운 들자 바로 결혼해서 두 딸을 낳고 살다가 戌대운에 바람이 나서 첩에게서 1남 1녀를 더 얻었다. 우여곡절 끝에 본처와 이혼하고 첩과 살아왔다.

- 乙酉대운에 본처가 있는 년주와 4급 소용돌이가 불자 본처가 암에 걸려 투병중이다. 이 남성이 양심에 걸려 치료비를 대어 주니 후처와도 이혼운운하고 있다. 부부궁이 약하고 상충살이 들어 만나는 여자마다 질병이 심하고 불화도 심하다.

41　31　21　11

癸　戊　癸　癸　　　戊　丁　丙　乙

亥　辰　亥　亥　여자　辰　卯　寅　丑

- 종재격이나 일간의 간합이 심하고 귀문살이 겹치며 辰이 흙탕물을 일으키니 분별력이 약하다.
- 합신인 癸는 돈이고 배우자다. 재혼지명이다. 돈을 합하기 위해 이리저리 뛰어다니는 형상이라 돈벌이 하러 일본의 술집에도 갔었다.
- 丑대운에 종재격에 역하는 운이고 흙탕물이 일어나니 분별력이 상실된다. 가출이 반복되고 어린 나이에 남자들과 놀아났다.
- 寅대운이 오자 쓸모없이 출렁이는 물이 설기되고 할 일이 생겨 정신이 들고 결혼하여 자식도 낳았다. 그러나 해로가 걱정된다. 丙寅 丁卯 대운에는 旺水가 설기되고 조후가 되어 좋은 날들이 지속될 것이다. 그러나 일주복음되고 쟁합이 일어나는 戊辰대운은 아주 혼란스러울 것이고 부부애로와 금전애로가 따를 것이다. 旺身入庫하니 몸도 조심해야 한다.

丁 戊 辛 戊 　　戊 丁

巳 午 酉 子 남자 　辰 卯

- 일간이 약하지 않고 상관생재하는 순수한 사주다. 토금상관 용상관격 사주다. 전직 은행원이다. 평생 큰 걱정 없이 잘 살아왔다. 성품도 순수하다. 예의와 체면을 중요시한다.

- 귀문살이 辛으로 발동해서인지 역학에 관심이 많고 나름 혼자서 공부를 좀 하신 모양이다.

- 乙未년에 찾아와서 하는 말이 "어쩌면 8년 후의 일을 그렇게 꼭 집어서 맞힐 수가 있습니까? 辰대운이 오면 처가 몹시 아파서 생명의 위험이 있을 거라고 하시더니 우리 집사람이 지금 폐암 4깁니다. 혹시 살아날 수 있을까요?"

- 이 글을 쓰는 오늘 오전에 또 찾아왔다. "살지 못할 거라더니 여기 다녀간 두 달 뒤에 저세상으로 갔어요. 두 달 뒤가 더 위험하다더니…"

- 子午충이 일어날 것을 酉가 말리고 있는데 卯대운에 卯酉충으로 酉가 자기 역할을 상실하자 子午충이 유발되어 그때부터 病이 든 것을 오랫동안 모르고 있다가 발견후 3년 3개월 동안 버티다가 그만 사망한 것이다.

- 대운지 辰은 子를 입고시키는 역할까지 한다. 酉를 충해서 子午충을 유발하고 子를 입고까지 시켜버린 몹쓸 辰이다.

$$58 \quad 48 \quad 38 \quad 28 \quad 18 \quad 8$$

癸 戊 甲 辛　　戊 己 庚 辛 壬 癸

丑 寅 午 酉 남자　子 丑 寅 卯 辰 巳

- 戊癸合化火격 사주다. 辛酉가 기신이다.

- 癸는 처고 부친의 형제로 본다. 편재가 뚜렷하지 않으니 합신 으로 찾아야 한다. 모친인 午와 합하는 辛酉가 부친이다. 辛 酉가 부친이니 술단지를 끌어안고 산다. 辛酉는 물상이 술단 지다. 三水변만 붙이면 술 酒가 된다. 도화이기도 하니 바람 둥이 부친이다. 아무 쓸모가 없다.

- 丑은 여동생이고 辛이 그 표출신이라 용모가 부친을 빼닮았 고 언행이 제멋대로인 것까지 부친을 빼닮았다. 辛酉는 조모 이기도 한데 이 세 사람은 얼굴이 한얼굴이다. 쓸모없는 것은 조모도 마찬가지다. 부친이 바람이 나서 가정을 깰 때 같이 편들고 나서서 첩을 옹호한 것이다.

- 초년의 壬辰 癸巳 대운은 化格에 역하는 운이라 계모 밑에서 설움 받으며 울분을 참으며 성장했다. 辛卯대운부터 개운하 여 국세 7급 공무원이 되고 결혼도 했다. 그러나 卯대운은 卯 酉충으로 관과 상관이 충하니 직업상 애로와 스트레스가 많 다. 편관 甲을 쳐주는 庚寅대운부터 발복할 것이고 火를 설기 해주는 己丑대운도 좋을 것이다.

己일간

丁 己 己 辛　　　　壬 癸 甲 乙 丙 丁 戊

卯 卯 亥 卯 남자　辰 巳 午 未 申 酉 戌

- 앞 남성의 부친사주다. 월간의 己는 무근하고 도움이 안되니 종살격이다. 설기하고 통관시키는 丁이 용신이나 습목생화불능이라 허약한 용신이다. 미약한 편인이 용신구실을 제대로 못하는 사주는 용모가 추하고 신체가 왜소하다고 사주정설에 나와 있다.

- 강한 편관이 제대로 설기나 제복이 안되니 평소에는 남에게 싫은 소리 하나 못하다가 술이 들어가면 흉포한 성격으로 변한다. 독설이나 험구는 예사이고 흉기를 들고 설친다. 졸렬하고 질투심 많은 성격이고 노력은 하지 않고 남이 열심히 하는 꼴은 못 본다. 착실한 사람은 쪼다라고 지칭한다.

- 亥가 卯에 의해 사라지니 자식 얻은 후 처이별하는 사주다. 처가 産亡하기도 하니 이 사람의 처는 두 자식을 낳을 때마다 난산이나 제왕절개를 겪었다. 이 사람의 처가 결혼하기 전

에 궁합을 보러 갔는데 역술인이 하는 말이 亥卯未 삼합을 하니 참으로 애처가라고 해서 시집갔다가 인생을 망친 것이다. 운명이겠지만 한 사람의 잘못된 통변이 얼마나 엄청난 결과를 가져오는가를 알 수 있다. 亥卯未 삼합을 하면 亥가 죽는다. 그런데 무슨 애처가? 三合을 하면 木이 강해진다고만 달달 외니 이런 통변이 나오는 것이다.

• 행실이 개떡인데도 오랫동안 초등교사로 지낼 수 있었던 것은 대운이 火운으로 흘렀기 때문이다. 癸대운에 용신 丁이 극 당하니 명퇴를 한 후 헬스장을 차렸다가 돈만 날리고 빚이 수북하다. 癸는 돈이라 돈으로 인한 고통인 것이다. 주색을 밝히는 일 외에는 매사에 게으르고 무책임하다. 한평생을 꿈속처럼 흐릿하게 살아간다.

57 47 37 27 17 7

辛 己 丁 戊　　　　癸 壬 辛 庚 己 戊

未 卯 巳 午 남자　　亥 戌 酉 申 未 午

• 卯는 旺火에 타고 년월주간의 2급 소용돌이로 인해 용신이 못되니 종왕격이다. 초년의 火운은 종격에 순응하니 연세대를 졸업했고 부모는 엄청난 부를 축적했다.

• 戊는 누나인데 서울대를 나왔고 未는 여동생인데 이화여대를

나왔다. 부모는 배움이 짧은데도 자수성가하여 탱크로리 사업으로 크게 성공했다. 자식들도 모두 현달하니 늦복이 터진 것이다.

- 庚대운은 상관운이라 직장에 적응 못하고 부친의 업체에서 거들고 있다. 庚申 辛酉 대운은 旺土를 설기하니 잘 나갈 것이고 壬戌대운은 壬이 戊의 극을 받아서 부친유고가 있을 것이다. 사업도 주춤해진다. 癸亥대운부터는 내리막이다. 종격에 역행하고 왕신충극하니 몸도 조심해야 한다. 초중년에 발달하면 말년은 반드시 기울어지게 되어 있으니 어쩌면 세상은 공평한지도 모른다.

32

```
甲 己 丁 乙        辛
戌 丑 亥 巳 여자   卯
```

- 甲이 남편인데 일지의 丑에 뿌리를 내리기 어렵다. 巳亥충으로 甲의 장생지도 손상되어 불길함을 내포하고 있다.
- 乙은 甲己의 합을 깨려고 노리고 있다. 대운지 卯가 시지와 卯戌합을 하니 丑戌형이 일어나 부부궁이 요동을 치는데 乙이 득록하여 甲己의 합을 깨니 남편이 간암에 걸렸다. 평소에도 각종 질병이 잦은 남편이었다.

- 卯대운에는 卯가 亥의 사지라 부친이 돌아가셨다.

戊 己 癸 丙
辰 卯 巳 辰 여자

- 일주와 시주는 1급의 소용돌이가 돌고 있다. 戊는 오빠다. 戊辰 백호와 1급 소용돌이에 걸려 있다. 이 여성이 甲寅생 남편과 결혼날을 받은 후 오토바이 사고로 오빠가 죽고 말았다.

戊 己 庚 辛
辰 卯 寅 亥 여자

- 일주와 시주가 위의 사주와 동일하다. 이복오빠가 교통사고로 죽었다. 己卯일에 戊辰시를 가진 女命은 이 점을 눈여겨 봐야 한다.

						49	39	29	19	9
甲	己	戊	戊			癸	甲	乙	丙	丁
戌	丑	午	子	여자		丑	寅	卯	辰	巳

- 甲己合化土격 사주에 子는 기신이다. 子가 부친성이니 부친조
  별했다. 년주는 10여 세 전의 일이니 열 살 안에 부친과 사별
  했다.
- 대운이 水木으로 흐르니 평생 불발이다. 卯대운은 甲의 뿌리
  가 생겨종격에 역하고 卯戌합으로 丑戌형이 일어나 甲己의 합
  이 깨지니 청상에 과부가 되었다.

34 24

乙	己	丁	己		辛	庚
亥	亥	卯	酉	여자	未	午

- 종살격에 미약한 편인인 丁이 용신이다. 신체가 왜소하고 용
  모는 추하다. 종살격에는 酉가 기신인데 상충살에 수옥살까
  지 겹쳤다. 무자식이다.
- 庚대운은 종살격에 역행하는 기신 대운이고 사주원국의 酉에
  서 투출되니 卯酉충이 유발되어 부부궁이 깨지니 이혼했다.
- 辛대운은 酉 도화 식신에서 올라와 성욕의 분출이라 이성이
  그립다. 어린 총각과 동거중이다.
- 강한 편관이 투출되어 일간을 극하고 卯酉충으로 왕신이 충
  극되니 성질이 아주 고약하다.

```
乙 己 甲 乙        庚
丑 未 申 巳 남자   辰
```

- 土金傷官 比劫扶身격이나 乙丑이 문제다. 일주를 천충지충하여 더욱 신약하게 하고 甲己의 합을 깨고 있다. 그래서 부부불화가 심하다. 재성이 미약하거나 불투했을 때는 合神을 배우자로 보면 더욱 명확하게 보인다. 甲을 처로 본 것이다.
- 상관사주에 관살이 혼잡되어 직업운이 부실하고 수차 바뀌었다. 庚辰 대운도 노는 날이 많다.
- 년지의 巳는 申에 형합되어 도움이 안되고 끊어진 인연이다. 부친 壬이 기궁하는 申과 육합하는 巳는 부친의 전처이고 형합으로 이별했다. 일지 속의 丁과 부친 壬이 합하고 丁은 未에서 나와 뿌리를 같이 하니 모친이다. 나는 후처소생이다.
- 巳중에 戊土 있으니 이복누나다. 이복누나 戊에서 보면 乙甲乙로 관살혼잡이라 과부가 되었다. 지나치게 많은 것은 없는 것과 같다고 했다.

```
                      51 41 31 21 11
癸 己 戊 丁          甲 癸 壬 辛 庚
酉 卯 申 酉 여자     寅 丑 子 亥 戌
```

- 최종자가 癸라서 종재격이다. 丁 戊 卯는 기신이다.

- 년월주끼리 1급 소용돌이가 있어 초년고생과 집안우환이 많았고 배움이 짧다. 태풍이 있고 卯酉충살이 있어 한 성질 한다.

- 戊가 오빠인데 癸와 합하면 酉사지로 간다. 오빠는 결혼과 동시에 원인 모를 병이 생겨 장애인이 되었다. 戊는 언니이기도 한데 3살 때 죽었다. 合死에 태풍이 겹친 탓이다. 그리고 종재격에는 戊가 기신이다. 비겁과 인수성이 기신이니 반드시 못 쓰게 되는 모친이나 형제가 생기게 된다.

- 종재격이고 대운이 亥子丑으로 진행하니 결혼후 재물이 많이 불어났다. 卯酉충을 水가 통관시켜 불화는 잦아도 아직까지 해로를 하고 있다.

- 甲대운은 戊를 제거하니 좋은 운이다. 寅대운은 왕신을 충극하고 소용돌이를 유발시키니 위험하다. 소용돌이는 합하는 운이나 충하는 운, 그리고 또 다른 소용돌이가 들어올 때 덩달아 분다.

45

乙 己 庚 辛   乙
丑 丑 子 丑 여자 巳

- 자식인 庚이 있는 월주와 일주간에 1급 소용돌이가 있다. 乙

巳대운에 또 일주와 4급 소용돌이가 도니 한꺼번에 초대형급
의 태풍이 몰아친다. 아들이 죽었다. 사주원국에 庚이 乙과
합하여 丑에 입고된다. 일지도 庚의 고장지다. 辛 딸이 하나
남았다.

- 乙이 남편이니 쓸모가 있겠는가? 동짓달 찬 바위 위에서 뿌
리를 못 내리고 있는 형상이다. 무능력에 책임감도 없어 이
혼했다.

				58	48	38	28	18	8
乙	庚	丙	戊		壬	辛	庚	己	戊	丁
酉	申	辰	戌	남자	戌	酉	申	未	午	巳

- 乙庚合化金격이고 申辰 水局으로 설기구가 넓어짐이 묘하다.
申辰 食傷局이 있어 설기하고자 하니 바람기가 많다. 乙과 합
하니 바람은 피워도 가정적이고 책임감은 강하다고 한다. 乙
과 합하니 돈과 여자에 집착하는 형이다. 총각때부터 바람이
심했다고 한다.

- 일종의 土多埋金이라 부모형제덕이 없이 자수성가했고 학력
도 국졸에 그쳤다. 乙이 재성이라 옷 만드는 기술자로 있다가
자영업으로 크게 돈을 벌었다. 초년 火운은 化格에 역하는
운이고 土를 더 성하게 하니 고생이 많았다. 庚申 辛酉 대운

은 일간과 힘을 합하여 土를 설기시키니 크게 성공했다. 戌대
운은 辰戌충으로 申辰의 합이 깨져 설기구가 좁아지고 기신
인 土운이라 상당히 갑갑해지고 기울 것이다. 癸亥 甲子 대운
은 좋다.

54 44 34 24 14 4

戊 己 庚 辛   丙 乙 甲 癸 壬 辛

辰 卯 寅 亥 여자   申 未 午 巳 辰 卯

- 寅卯辰 木局이 있고 거듭 寅亥合木이 있으며 유일한 의지처
  戊는 일시주간의 1급 소용돌이 때문에 도움이 되지 못하니
  종살격이다. 종살격에는 庚과 辛, 戊가 기신이다.

- 庚申이 亥를 생조하고 亥는 다시 木局을 생조하니 종살격이
  분명하다.

- 寅중의 甲이 남편이고 旺木을 泄해 줄 火를 품고 있어 남편을
  만난 후 인생이 밝아졌다. 남편은 공무원이고 부부유정하다.

- 寅亥의 합으로 亥도 깨지고 寅중의 丙도 꺼지니 일찍 고아가
  되었다.

- 癸대운은 戊癸합으로 겁재가 사라지니 경쟁자가 없어져 결혼
  운이다. 火대운은 좋고 왕신을 충극하는 申대운은 불길하다.
  남편이 위험하다.

- 戊는 남형제인데 배다른 오빠가 교통사고로 죽었다. 戊辰이 백호이고 1급 소용돌이에 있어 그런 일이 일어난 것이다.
- 寅중의 丙은 모친인데 亥가 남편이고 명암합하는 辛도 남편이라 재혼하셨고 부친도 재혼이다. 부친인 亥와 육합하는 寅이 모친이고 또다른 木星인 卯는 부친의 전처이다. 합을 이용하여 자세히 관찰하면 남다른 통변을 할 수 있다.

戊 己 庚 辛

辰 卯 子 丑 여자

- 역시 남형제가 急死했다.

丙 己 壬 丁　　　丙 丁 戊 己 庚 辛

寅 丑 子 卯 남자　午 未 申 酉 戌 亥

- 정재용인격 사주다. 용신인 丙은 조후도 되고 약한 일간을 생조하는 좋은 역할이다.
- 壬子는 첫 아내다. 丁壬으로 합하여 木이 나오니 아들이 하나 있다. 壬子는 용신의 病이고 丁卯와 합하니 나와 등 돌린 아내이고 卯 사지를 향하고 있어 나와 이혼했다.

- 丑중의 癸는 미약해서 처성으로 볼 수가 없고 일주와 천간지합하는 寅이 후처다. 丙은 후처의 표출신이고 추운 대지를 녹여서 나 己土를 쓸모있게 해주는 고마운 처다. 丙이 모친이고 처의 표출신이라 모친 같은 아내다. 자상하게 잘 챙겨준다는 말이다. 보험설계사로 맞벌이를 해서 살림에도 보탬이 많이 된다.
- 寅은 후처가 낳은 아들이고 둘이다. 火는 2, 7이다.
- 壬子는 부친이니 기신이라 부친덕이 없다. 丁은 부친의 전처이고 丙은 부친의 후처인 나의 모친이다. 년월주에 비겁이 없어 이복형제는 없다.

46 36 26 16 6

丁 己 丁 甲   壬 癸 甲 乙 丙

卯 卯 卯 午 여자   戌 亥 子 丑 寅

- 약한 己土가 丁에 기대려고 하나 甲午와 丁卯는 3급 소용돌이 속에 있어 일간을 생조하기가 어렵다. 甲에 종하는 종관격 사주이고 일지에서 올라간 甲이 体가 된다. 용신은 旺木을 설하는 丁이 용신이다. 丁은 설기와 통관을 겸하고 있으나 미약하여 좋은 사주는 못 된다. 濕木生火不能이다.
- 甲이 나의 표출신이자 일간대행자가 된다. 내가 甲이면 합신

인 己가 남편이다. 아내 같은 남편이고 나는 남편 같은 아내다. 내가 벌어서 남편을 먹여 살린다.

- 己는 약하고 木은 강하니 남편은 丁 미약한 새벽 등불에 의지하는 격이다. 己에서 보면 관살이 너무 많으니 제대로 된 직업이 없고 소극적이며 책임감이 없다. 약한 편인에 의지하니 용두사미다.

- 丁 편인은 甲에서 보면 상관이라 나의 활동력이니 내가 활동하여 먹여 살린다.

- 甲이 卯卯卯에 뿌리가 있고 己 남편에게는 딸인지라 딸만 셋이다.

43 33 23

癸 己 丙 庚   辛 庚 己

酉 丑 戌 子 남자   卯 寅 丑

- 酉丑으로 합하여 丑은 도움이 안되고 丙이 용신이다. 癸는 용신의 病이다. 癸는 처성이지만 용신의 病이고 癸酉와 일주가 서로 4급 소용돌이 속에 있어 이별할 처다. 庚대운에 기신인 癸를 더욱 생조하고 酉에서 올라온 庚이 소용돌이를 유발하니 이혼했다.

- 여자들로 인한 금전피해가 수차 있었으나 정신을 못 차리고

己卯년에는 자식이 셋이나 달린 연상녀와 결혼한다고 그 여
자에게 돈을 대어주기도 했다. 돈이 기신이라 벌기는 제법 버
는데 남아 있는 돈이 없다. 여자가 기신인데도 여자 없이는
못 산다. 기신인 癸酉가 일주에 착 붙어 있기 때문이다.

- 물이 기신이고 막아야 하니 토건업 중에서도 海水매립하는
  기술자다.

48 38 28 18 8

庚 己 辛 癸　　丙 丁 戊 己 庚

午 卯 酉 卯 남자　辰 巳 午 未 申

- 귀한 祿이 시에 있어 貴祿格 사주다. 午가 용신이다. 모친덕
  이 있고 효자다. 午 모친이 시에 있다는 말은 내가 나의 말년
  까지 모친을 모신다는 말이니 모친이 장수하고 계시다.
- 午가 용신이면 재관은 기신이라 부부불화가 심하고 卯酉충으
  로 卯는 부서지고 식상은 왕하니 무자식이다.
- 직장에는 다닌 적이 없고 처음부터 자영업을 했다. 상관 기질
  이 강하니 직장체질은 못 된다.
- 편인이 용신이라 재치있고 민첩하며 두뇌회전이 빠르나 잔머
  리형이고 인색하다. 식상이 혼잡되니 말은 곱다가도 밉상이고
  한 입에 두 말하는 형이다.

```
                    64 54 44 34 24 14 4
  丁 己 己 辛        壬 癸 甲 乙 丙 丁 戊
  卯 酉 亥 亥 남자    辰 巳 午 未 申 酉 戌
```

- 신약한 사주가 丁에 의지하려 하니 영악하고 계산적이다. 습목생화불능이라 결국 최종자 亥로 종하니 종재격이다. 丁은 용신이 되지 못한다. 己는 조금 전달이 되겠지만 도움이 안되고 오히려 종재격에는 기신이다. 丁이 기신이라 모친은 단명하셨고 모친이 후처라 이복형제가 있다. 종재격은 반드시 못쓰게 되는 모친과 형제가 있다고 했다. 기신이라서. 己도 도움이 되지 못하니 형제덕도 없다.

- 종재격이라 돈이나 여자에 탐닉하나 亥亥 自刑으로 오히려 풍파만 일어난다. 첫 여자와 혼인신고만 한 채 별거하다가 다른 처녀와 혼전임신으로 아들을 낳았다. 쌍방고소로 시비와 관재가 난무하다가 겨우 호적을 정리하고 재혼녀와 아들 둘을 낳고 살았다.

- 乙未 대운이 오자 辛亥와 4급 소용돌이가 일어난다. 판단력이 흐려지고 풍파가 심해진다. 亥卯未 木局하니 亥 하나가 사라진다. 처자식을 버리고 돈이 좀 있어 보이는 다른 이혼녀와 동거하여 딸을 낳은 후 적반하장으로 이혼소송을 걸어왔으나 유책사유가 이 남자에게 있어 이혼을 허용할 수 없다는 판결이 났다.

- 제비족이라고 볼 수 있다. 첫 여자의 돈도 4천만원이나 뜯어냈다. 이런 쓰레기 같은 인간들은 지구 밖으로 쓸어내야 한다.

〈그 처의 사주〉

					51	41	31	21	11	1
甲	戌	丙	癸		壬	辛	庚	己	戊	丁
寅	戌	辰	丑	여자	戌	酉	申	未	午	巳

- 신왕하니 甲으로 용신 삼는다 하겠지만 甲의 뿌리인 寅이 火局으로 타버리고 더욱 신왕하게 하니 용신이 아니다.
- 일주와 시주와는 4급 소용돌이까지 있어 일간은 甲의 극을 피해서 년간의 癸와 합하여 간다. 신강하고 조열한 사주니 합신인 癸가 반갑다. 그러나 癸도 辰丑破에 걸리고 입고된 辛이 제대로 생수를 해주지 못해 癸 용신이 허약하여 무정한 사주다.
- 지지에 인수국이 있어 계모슬하에서 자랐다. 편인이지만 丙을 모친으로 본다. 월간에 투간되어 있어서. 丙은 癸丑 백호의 극이 있고 설기가 심해서 단명한 모친이다.
- 土星이 많아 형제는 모두 다섯이다. 이복동생이 셋이나 된다.
- 午대운에 더욱 신왕해지고 인수성이 病이라 공부는 뒷전이고 가출을 해서 계모가 상담하러 왔다. 이런저런 이야기 끝에 이 아이는 후처로 시집가게 될 것이라고 했다. 합신인 癸를

배우자로 보면 丑 겁재 위에 있고 辰중에 입고되어 다른 여자에게 푹 빠진 형국이라 그렇게 말했다.

- 세월이 흘러 혼전출산한 아들의 이름을 짓기 위해 계모가 와서 하는 말이 총각하고 동거해서 낳은 아이라고 했다. 며칠후 난리가 났다. 혼인신고와 출생신고를 하러 가니 이미 다른 여자와 혼인신고가 되어 있었다. 이 남자는 두 여자로부터 고소를 당했다. 첫 여자에게 돈 얼마를 변제해 주고 간신히 수습되었다.

- 未대운까지는 쪼들리고 남편이 제대로 된 직업이 없다가 庚대운이 오자 癸를 생조하여 인테리어업으로 조금 살 만해지고 부부불화도 줄어들었다. 이 여성이 직접 찾아와서 딸을 하나 더 낳고 싶다고 했다. 나는 안된다고 했다. 庚申 辛酉 대운에 부부불화가 극심하여 이별수가 있으며 더 낳아도 아들이 나온다고 했다. 이혼하더라도 애 하나만 달고 이혼하는 것이 더 낫지 않겠냐고 했더니 잔뜩 화가 나서 돌아갔다.

- 3년 후 어느 날 갑자기 아이를 짐짝처럼 옆구리에 끼고 들어왔다. 내가 앉은 채로 물었다.

"그 아이가 아들이지? 이혼할라꼬 왔제?"

기가 푹 죽어서 그렇다고 했다. 이때가 2005, 6년경이니 한 십년 전의 일이다. 최근에는 그 남자가 부성애가 생겼는지 애들 생활비를 조금씩 보내온다고 하니 그나마 다행이다.

庚일간

丙 庚 癸 乙　　　　己 庚 辛 壬

戌 子 未 酉 남자　　卯 辰 巳 午

- 乙 부친성이 절지에 앉고 일간이 절신발동이라 부친과 열 살 이전에 사별했다. 년주는 십여 세 전의 일이다.

- 乙과 합하고 未가 乙의 財庫라 전직 은행원이지만 일찍 퇴직하고 직업애로가 많다. 관은 약하고 상관이 발동한 사주라 이내 퇴직하고 반백수가 되었다.

- 자식궁인 丙戌도 백호이고 그것을 천충지충으로 노리는 癸未도 백호다. 戌未형을 말리는 子가 형충되거나 합거되면 戌未형이 일어난다. 辰대운에 子가 辰에 입고되어 그 역할을 상실하자 戌未형이 일어 丙이 극을 당했다. 어린 아들이 죽었다.

- 未중의 丁이 딸인데 癸의 극을 피해 지장간 속에서 전전긍긍하고 있다. 沖出되는 운이 오면 역시 위험해진다. 딸은 양 띠다.

<이 남성의 딸 사주>
壬 癸 己 己
戌 巳 巳 未 여자

- 종살격에 오빠인 壬이 기신이고 백호에 걸려 있고 己己가 노리고 있어 오빠가 일찍 죽었다.

丁 庚 癸 丁
丑 辰 卯 巳 여자

- 庚이 癸를 보니 녹슨 물이라 남의 일에 참견이 많고 그로 인한 피해가 잘 생긴다. 乙酉년에 친구의 카드빚 보증을 섰다가 많은 돈을 날렸다. 卯酉충이 일어나니 卯는 사주에 있는 내 돈이고 酉는 사주에 없는 객신이고 친구라 난데없이 갑자기 터진 일이다.
- 일지에서 올라온 癸는 영향력이 큰데 남편성인 丁을 극하고 괴강일주이며 時干의 丁은 墓地 위에 있어 부부궁이 부실하다. 빚보증 문제가 불거져 丙戌년에는 파혼을 당했고 아직도 미혼이다.

52 42

丁 庚 庚 丙　　　丙 乙
丑 午 子 申　남자　午 巳

- 금수상관용관격 사주다. 용신인 丙 丁 午가 아주 약해 용신이 허약하다. 子午沖으로 丙丁의 뿌리가 상하고 木이 없어 헛불이다.

- 일지에서 丙丁이 다 솟아 午는 더욱 허약하고 일지의 지장간이 좌우로 표출되어 정신이 허하고 내 몸이 두 개인 듯, 귀신 들린 듯 헛소리 남발이다. 丙丁이 약하고 충극받으며 상관이 왕하니 직장도 수없이 바뀐다.

- 金水傷官格은 한랭한 사주라 술이나 담배를 즐기는데 알콜중독과 정신분열로 정신병원에 입원중이다. 병세에 차도가 없다. 丙午대운은 子午충이 유발되어 더욱 심해질 뿐이다. 丙午대운이라고 해서 용신이 강해진다고 보면 곤란하다.

丁 庚 丁 甲　　　壬 辛 庚 己 戊
丑 申 卯 寅　남자　申 未 午 巳 辰

- 정재비겁부신격이다. 일주는 약하고 재관은 왕하니 재관이 기신이다. 甲이 丁을 생하고 丁이 다시 일간을 극한다. 寅申충

으로 일주를 노리고 있다.

- 태어난 지 21일 만에 부친이 고모집의 전기를 손보다가 감전 사했다. 財가 최고 기신이다. 부친은 요절하시고 이 남성은 마흔이 넘은 나이까지 미혼이다.

- 火대운이 지나고 壬대운부터 조금씩 풀릴 것이다. 재관이 기 신이라 평생 돈이나 처로 인해 허덕이는 사주다. 돈복과 처복 이 없다.

59

丙	庚	乙	乙		己
戌	子	酉	未	남자	卯

- 양인격 사주인데 乙庚金으로 金이 秀氣가 되어 신강하다. 설 기시키는 子가 용신이다.

- 두 개의 재성과 합하니 재혼지명이다. 년주와 일주는 지지로 는 원진살이라 첫 아내를 이별했고 월주의 乙 즉 후처와도 귀 문 원진살이라 재혼한 아내는 연하남과 사귀고 있다. 재혼해 도 갈등 속에 있고 처의 배신이 있다. 월간의 乙은 월지의 酉 金과 명암합하고 있어 바람을 피운다.

- 己卯대운이 년주와 4급 소용돌이를 일으키고 卯酉충이 있 다. 卯酉충은 부부불화나 이별을 뜻한다. 운에서 들어오는

卯 즉 처가 나의 양인살과 서로 부딪치니 서로가 이혼 욕구
가 강하다.

34 24 14 4

庚 庚 庚 甲　　丙 丁 戊 己

辰 寅 午 寅 여자　寅 卯 辰 巳

- 정관격 사주이나 재관이 왕해서 신약하다. 그래서 돈복과 남
  편복이 없다. 년월주에 4급의 소용돌이가 있고 지지에는 관
  살이 혼잡되어 있다. 辰에 뿌리를 두지만 寅과 辰 사이에 든
  卯와 木局 方合을 하고 있어 의지처가 못 된다. 용신이 약하
  고 불분명하다.
- 丁대운은 정관운이고 庚庚의 비견을 잡아주니 결혼했다. 丙
  대운은 편관칠살이라 남편으로 인한 고통이라 이혼했다. 관
  살이 혼잡하고 대운간 丙은 火局에서 올라와 힘이 강하니 남
  편이나 시집으로 인한 애로다.
- 辰중의 癸는 하나 있는 아들인데 이혼할 때 데리고 왔다.
  辰은 旺火를 泄하고 조후도 된다. 癸는 旺火에 증발할까봐
  辰 속에 입고되어 전전긍긍하고 있다. 冲出되는 대세운이
  두렵다.

```
庚 庚 癸 己      戊 丁 丙 乙 甲
辰 寅 酉 酉 여자   寅 丑 子 亥 戌
```

- 양인격 사주에 寅卯辰 木局이 용신이다. 財가 局을 이루니 니 돈 내 돈이 모여드는 형상이라 은행원이다.

- 寅중의 丙이 남편성인데 酉酉 두 개의 巳地를 보고 있고 寅酉 酉로 겁살까지 있어 이별팔자다. 합신인 卯를 배우자로 보더 라도 辰酉합으로 乙이 사라진다.

- 亥대운에 남편궁인 寅과 亥가 육합을 하고 亥가 자식이라 결 혼했고 자식도 하나 생겼다. 寅亥로 합하면 寅중의 丙은 절지 를 만나 氣가 끊어지니 25살에 결혼했다가 28살 丙子년에 사 별했다. 세운간 丙은 寅에서 올라온 남편의 투출신인데 월간 癸의 강한 극을 받아 불이 꺼졌다.

- 재혼은 하지 않았고 辰중 卯가 있으니 유부남 애인이 있다.

- 丁대운은 정관운이라 승진욕구가 강하지만 癸의 극으로 여의 치 않아 애태우고 있다. 戊대운은 승진에 승진을 거듭할 것이 다. 관성의 기신인 癸를 戊癸합으로 잡아주기 때문이다.

```
丙 庚 丙 甲      辛 庚 己 戊 丁
戌 子 寅 辰 남자   未 午 巳 辰 卯
```

- 戌은 조토이고 지지에 있으며 同柱가 아니라 生金이 어렵다. 丙으로 종하는 종살격이다. 가종이다.
- 월간의 丙이 일간을 대행하면 甲과 寅이 모친성이 되니 모친을 빼닮았고 庚은 부친이나 애인이고 戌중의 辛은 처다. 애인은 庚子생 연상녀이다. 직업은 공무원이다.
- 庚이 사지에 앉고 丙의 극이 심하니 부친이 丁대운에 일찍 돌아가셨고 庚 애인이 이 남성과 사귄 후부터 크고 작은 사고나 질병이 끊이지 않다가 드디어 양쪽 다리에 고관절 수술까지 받았고 뇌에도 혹이 생겼다. 氣의 흐름이란 무서운 것이다. 오래 사귀면 애인이 더 위험해질 수 있다.

庚 庚 丁 己　　　辛 庚 己 戊
辰 寅 卯 酉 여자　未 午 巳 辰

- 얼핏 보기엔 신강해 보이나 卯酉충으로 酉는 庚의 뿌리가 되지 못한다. 辰은 寅卯辰 木局으로 배임하고 있어 도움이 되지 못한다. 약하나마 庚이 용신이다. 正財用比劫扶身格이다.
- 卯酉충은 이렇게 풀이할 수 있다. 寅은 부친이고 卯는 고모들이니 단명 고모가 있고 이혼 고모도 있다. 卯에서 酉는 남편이니 고모부고 상충살로 인연이 끊겼으니까.
- 부친인 寅이 년간의 己와 합했다가 卯酉충으로 이별했고 辰

이 나의 모친이고 후처다. 辰이 木으로 배임하니 모친으로 인한 고통이 크다. 중풍으로 오래도록 누워 계시니 집안의 돈이 거덜났다.

- 인성이 둘이고 재성은 더 많다. 부모가 각각 재혼이라 이복형제도 있고 씨다른 형제도 있다. 재관이 病이라 아직도 미혼이다.

戊　庚　己　庚　　　甲　癸　壬　辛　庚
寅　申　丑　子　남자　午　巳　辰　卯　寅

- 신강한 사주에 寅이 희용신이라 하겠지만 寅申충으로 부서지고 寅에서 투출된 戊는 더욱 신강하게 하니 쓸모가 없다. 子로 설기하려니 丑이 묶고 있어 이래저래 부모덕이 없다.
- 寅대운에 寅申충이 거듭되니 부친이 도박으로 가산을 탕진해서 가난하게 살았다.
- 일지의 건록이 멀리 있는 子水를 끌어당겨 生水하고자 애쓰니 자수성가를 해야 한다. 쓸 만한 오행이 별로 없으니 평생 돈과 여자로 인해 허덕이는 사주가 되었다. 부부불화가 심하다. 子丑으로 합해서 자가 일지 쪽에 가까워진 것은 다행한 일이다.
- 재성이 약하니 더욱 돈과 여자에 집착하니 바람이 잦고 이혼 운운한다.

- 甲대운에 甲이 寅에서 솟으니 사주원국의 寅申충이 유발되고 년간의 庚에 극되니 장사가 안되고 돈은 샌다. 甲이 여자라 바람피우다 들켜 이혼의 위기에 이르렀다.
- 子가 상관이라 기술성의 별이고 물이라 싱크대 기술자다.

庚 庚 辛 癸
辰 午 酉 卯 남자

- 卯는 부서지고 午는 木의 생조가 없고 辰에 설기되어 헛불이다. 재관을 쓸 수 없어 종왕격이니 오히려 재관이 기신이다. 癸로 설기해야 하나 멀고 충받아 무정한 사주다.
- 卯酉충으로 부친이 단명하셨고 부부궁이 깨지고 일지 배우자궁에 午 기신이 있어 미혼으로 늙어간다.
- 고집이 세고 상관기질이라 직장생활이 힘들어 반백수로 지내다 자형의 업체에서 일하고 있으나 姉兄의 돈을 축내게 될 것이다. 卯는 辛酉의 돈이라 누이의 돈이다. 나의 고집과 탐심인 酉가 卯를 깬다.
- 군비쟁재하는 사주라 도박에 빠져 세월을 보내고 있다.

丁 庚 庚 丙 　　　 乙 甲 癸 壬 辛

亥 戌 子 午 남자 　 巳 辰 卯 寅 丑

- 금수상관에는 조후가 용신이라지만 丙午는 子와 상충살에 수옥살까지 겹쳐 있다. 일간이 신약하니 戌이 용신이라 金水傷官用印격이다.

- 상관사주에 수옥살이 상충이고 戌亥 천문까지 놓였으니 언행이 제멋대로이고 무법자 기질이 강하다. 당연히 관재구설이 일어날 명조이다. 법이나 질서를 무시하는 사주다.

- 丑대운에 子丑으로 합하여 子午충이 일어나는 沖中奉合이 유발되어 용신인 戌을 형하니 소년원을 들랑거리다 중학교 중퇴의 학력이다.

- 처궁이 부실하고 木이 없으니 여자만 보면 껄떡대나 아직도 미혼이다. 결혼하기 어렵고 유지하기도 어렵다.

34 24

癸 庚 壬 甲 　　　 戊 己

未 子 申 辰 여자 　 辰 巳

- 申子辰 水局으로 申이 사라지니 종아격 사주다. 종아격에 未

는 기신이다. 未중에 남편성 丁이 있다. 떠내려가는 土라 부부운이 나쁘다. 별거에 들어갔다. 巳대운에 운에서 들어온 남편성 巳가 巳申 형합되니 불화가 극심해져 별거가 시작되었다. 未중에는 일간의 합신인 丁이 있어 이리 보나 저리 보나 未가 남편성이다.

- 종아격이고 일지에서 올라온 壬이 体가 되는 일간대행이다.
- 申子辰으로 떠내려가는 申이 배다른 형제이고 단명하였다. 甲부친은 浮木이라 떠도는 직업이고 辰이 있고 未가 있어 재혼하셨다.

己 庚 戊 庚
卯 午 寅 子 남자

- 寅이 부친인데 寅 하나에 인수성이 많다. 지장간에 있는 것까지 모두 4土다. 부친이 네 번 결혼하셨다. 년월주간의 2급 소용돌이는 초년의 집안 풍파를 의미한다.
- 신약사주에 재관이 기신이고 정편재 혼잡이라 나도 재혼지명이다.

壬 庚 丁 辛　　　癸 壬 辛 庚 己 戊

午 辰 酉 巳 여자　　卯 寅 丑 子 亥 戌

- 巳酉金局과 辰酉合으로 金이 태강하다. 년지 巳는 巳酉丑 金局으로 배임했고 丁은 壬에 합거되며 시지의 午는 木이 없고 일지 辰에 설기되어 용신이 될 수 없다. 종왕격이다. 壬으로 설기해야 하며 辰酉의 합으로 生水가 되어 좋고 辰酉의 합이 풀리는 운에는 용신인 壬이 입고되니 좋지 못하다.

- 괴강일에 양인이 있어 두뇌명석하고 빈틈없이 깐깐하다. 초등의 교장까지 지냈으며 큰아들이 서울대를 전체수석 합격과 졸업을 했다. 본인도 부산사범을 전체 수석으로 졸업했다.

- 괴강일주에 남편궁이 부실하니 남편애로가 이루 말할 수 없을 정도로 크다. 火가 남편성인데 모두가 上記한 대로 쓸모없고 허약하다. 남편이 사업을 벌여 실패할 때마다 그 뒤치다꺼리는 이 여성의 몫이라 삶의 고통이 심해 자살기도 했다가 살아나기도 했다. 남편이 중년에 죽고 난 후는 90살이 넘도록 살아 계셨던 시부까지 모셨다.

- 괴강일주라 논리적이며 깐깐하고 자존심 강하며 미모이다.

- 亥대운은 용신 壬이 得祿하여 교직으로 나갔고 결혼도 했다. 子대운은 子午충으로 가뜩이나 허약한 남편성을 치니 남편으로 인한 고통이 절정이었다.

- 卯대운에는 卯酉충으로 辰酉의 합이 깨지고 자식이자 용신인 壬을 입고시키는 운이다. 장남인 壬이 대덕연구단지의 수석 연구사 자리를 박차고 나와 벤처사업을 시작했다. 필자가 열심히 말렸는데도 모자간이 다들 고집이 세서 말을 듣지 않았다. '내 아들이 이리도 똑똑한데 설마 실패하겠나'라는 생각이 있었을 것이다.

- 세월따라 서서히 기울다가 종내는 辰대운에 쫄딱 망하고 모친에게 기대는 처지가 되었다.

- 辰대운은 壬이 직접 입고하기도 하고 辰辰 自刑으로 辰酉의 합이 풀린다. 평생을 수재인 장남에게 모든 기대를 걸고 삶의 고통을 견뎌냈건만 이젠 살 기력을 잃었는지 수 년간 칩거한 채 상담하러 오지도 않는다.

- 종왕격에 木운은 역행하는 운이고 왕한 金을 泄해주는 水운이 좋다.

辛일간

48 38 28 18 8

己 辛 乙 癸   庚 己 戊 丁 丙
亥 酉 丑 卯 여자   午 巳 辰 卯 寅

- 水旺之節에 태어나 金水傷官用印格 사주다. 己는 보석이자 거울인 辛에게 진흙이나 때 같은 존재이나 신약하니 더러워도 참고 己에게 기대어야 한다.

- 己는 모친이니 마음은 많이 기댔지만 아무 도움이 안되는 애물모친이다. 남편성이 안 보이니 자식인 亥중의 甲과 합하는 己가 남편이다. 남편 역시 20년째 첩을 얻어 별거중이나 내가 생활능력이 없으니 이혼하지 못한 채 살아간다. 더러워도 기대야 한다.

- 己가 남편이고 亥중의 甲이 남편의 직업인데 亥 속에 있어 남편이 첩과 함께 돼지국밥집을 하고 있다.

- 년월주끼리 2급, 일시주끼리 2급의 소용돌이가 있어 뱃속에 있을 때부터 집안우환이 끊이지 않았고 13살 때 집이 망해서 학문도 중단됐다가 중년에 대학원까지 나왔다. 성격은 걷잡

을 수 없이 별나고 제멋대로이다. 석 달 이상 사이좋게 지내는 사람이 별로 없을 정도다.

- 년간의 癸가 딸이고 남편인 己와 동주에 있는 亥가 아들이다. 자식들도 진로장애가 심하다. 신약사주에는 식상도 기신이다.

- 더러워도 己가 용신이니 남편이 별거를 오랫동안 했지만 자식들을 생각해서인지 생활비는 꼬박꼬박 보내오고 있으니 그나마 다행이다. 卯대운에 卯酉충으로 酉丑의 합이 풀려 己의 뿌리인 丑이 살아나니 결혼했다.

- 戊辰 己대운까지는 우유 대리점을 해서 돈을 많이 만졌으나 巳대운은 원래의 남편성인 巳가 운에서 들어와서 巳酉丑 삼합으로 사라지니 별거가 시작됐다. 巳亥충으로 亥중의 甲이 손상되니 손재도 많았다.

　丁　辛　丙　戊
　酉　未　辰　子　여자

- 丙이 약해서 빛만 있고 에너지는 소진되니 남편애로가 많고 일지에서 솟은 丁이 丙辛의 합을 깨니 해로가 어렵다. 일지에서 투출된 것은 영향력이 더 크다. 풍파 끝에 이혼한 사주다.
- 이 명조는 딸이 엄마 사주를 대신 상담한 것이다.

- 壬戌년에 丁 시누이가 감방에 가는 운이다. 壬이 丁을 합하여 丁의 고장지인 戌에 집어넣기 때문이다. 이런 식의 통변으로 다섯 사람 정도가 맞았다. 거의 100%의 적중률이었다.
- "당신 고모가 壬戌년, 그러니까 지금부터 약 34년 전인 1982 년에 감방에 간 적이 없었소?"라고 물었더니 깜짝 놀라며 하는 말이,
  "제가 결혼한 후 엄마가 제게 이야기해 주셨어요. 고모가 처녀때 유부남과 사귀다가 간통죄로 북부경찰서에 잡혀 있을 때 어린 저는 걸리고 동생은 업고 고모의 면회를 다닌 적이 있다고 했어요. 엄마가 하시는 말씀이 창피해서 죽는 줄 알았다고 했었어요. 엄마야, 참말로 희한하네예."
- 의심하지 말고 꽉꽉 지르면 맞다. 감방 아니면 입원이다. 갇히니까.

31 21 11

丙 辛 丁 辛　　　癸 甲 乙

申 卯 酉 酉 남자　　巳 午 未

- 군비쟁재가 심하다. 미약한 丁이 그나마 군비쟁재를 막고 있는데 癸대운이 오면 丁이 극되어 군비쟁재가 일어난다. 부친이 암으로 돌아가시고 직장 다니다 그만두고 동업을

시작했으나 고전중이다. 이 모든 것이 군비쟁재에서 생겨난 일들이다.

- 이 사주는 동업하다 망하는 사주의 전형적인 예다.

- 午대운에는 丁이 得祿하여 비겁을 제해주니 경쟁력이 있는 좋은 운이라 부모덕에 유학도 갔다 오고 취업도 순조로웠다. 결혼도 하여 아들딸을 하나씩 낳았다. 午대운지 속에는 丙丁이 있어 아들딸이다.

- 신왕 신약을 떠나서 爭財는 먼저 잡아주어야 운이 좋아진다.

				72	62	52	42	32	22	12	2
己	辛	庚	丙	壬	癸	甲	乙	丙	丁	戊	己
丑	酉	子	戌 여자	辰	巳	午	未	申	酉	戌	亥

- 金水食神用食神격 사주다. 丙은 입고하고 辛과 합하여 死地로 가니 빛만 있고 힘은 없어 용신이 되지 못한다. 조후의 역할은 조금 한다고 본다. 힘없는 丙은 남편이니 남편이 무능하고 애물이다. 겁재가 일지에서 솟아 남편과 나 사이에 있어 바람둥이 남편이다.

- 庚은 남편의 첩인데 길게 가지는 못했다. 庚이 사지에 앉고 설기가 심하고 丙의 극을 받기 때문이다. 庚은 오빠이기도 해서 오빠가 군에 가서 사고로 죽었고 그때가 이 여성이 다섯 살

때인데 죽은 오빠의 혼신이 몸에 들어와 어린 나이에 神病이 왔다. 子酉 귀문살이 형제와 나 사이에 놓여 있다.

- 子 식신에 공망살이 들어 말이 가볍고 신빙성이 적다. 귀문살이 있고 子로 설기하니 역학을 공부하여 역술원을 하고 있다.

- 자식궁에 있는 편인이 子의 흐름을 막으니 자식애로가 많다. 시상 편인은 자식에게 해롭다.

- 남편인 丙을 합하여 일지의 사지로 끌고 오니 결혼후 남편이 막힘이 많고 애물이 되었다. 癸대운에 丙이 극되니 남편이 암으로 별세했다. 어느 날 전화로 아저씨 운이 좋지 못한데 검사를 받아봐야 하지 않겠느냐고 했더니 믿지를 않았다. 며칠 후에 검진을 하게 되었는데 위암 3기라고 했다. 짧은 투병 끝에 세상을 떴다. 아주 보기가 쉬운 운인데 정작 자신의 나쁜 운은 믿고 싶지가 않았나 보다.

- 丙이 꺼지는 癸대운부터 총기가 흐려지고 손님의 발길은 끊어져 간다.

- 한랭한 사주에 戌은 溫土라 좋은 역할을 하고 丙도 좋아서 친정이 부자지만 내가 받을 복이 없어 유산을 받지 못하고 모두 오빠 몫이 되었다. 옛사람들은 딸에게는 유산을 잘 주지 않는다. 傷官無財라 재물복이 없는 탓이기도 하다. 상관사주에 財가 없으면 노력은 많이 해도 거둘 것이 적다.

- 남편이 그렇게나 애를 많이 먹였지만 이 여성은 남편을 크게 미워하지는 않는다. 丙이 미약하나 조후이고 나 辛 보석을 빛

내줄 태양이라고 여기기 때문이리라. 辛은 물상이 전봇대이고 丙은 하늘의 전기니 남편과 性的으로 그렇게 잘 맞았다고 한다. 남편의 손이 닿기만 해도 전기가 통했다고 한다.

				42	32	22	12	2
0	辛	辛	辛	丙	乙	甲	癸	壬
0	酉	卯	丑 여자	申	未	午	巳	辰

- 卯를 두고 쟁탈이 심하다. 卯는 부친이고 돈이며 남편이다. 군비쟁재가 심하다. 부친은 단명하셨고 돈에 허덕여야 하며 남편 바람이 심하고 도박까지 한다. 군비쟁재는 도박도 의미하는데 이 여성 대신 남편이 푹 빠져 있다.
- 관성이 없으니 일지 속의 庚과 암합하는 卯가 남편성이다. 쟁재가 심하니 나는 후처이고 申대운에 남편 바람으로 이혼 직전까지 갔다.
- 재성이 남편이니 아내 같은 남편이라 내가 벌어 가장의 역할을 하고 남편을 아내처럼 다독이며 살아가지만 잦은 불화가 있다.
- 남편인 卯에서 보면 辛酉酉가 모두 관성이라 제대로 된 직업이 없이 직업운이 부실하다. 卯에서 보면 관성태과이고 卯酉 충까지 있다.

- 卯가 돈이고 濕木이라 과일 도소매상을 하고 있다. 잘 벌지만 거의 샌다.
- 辛酉 일주 여명은 酉가 남편인 丙의 사지라 대부분 남편운이 나쁘다.

59

```
庚 辛 己 乙        乙
寅 巳 丑 酉 여자   未
```

- 巳 남편성이 巳酉丑으로 그 氣가 매우 약하다. 乙대운에 남편이 죽었다. 時干의 庚은 巳에서 솟은 남편의 표출신인데 대운간 乙에 합거되고 대운지 未가 金局을 깨니 사지가 발동한 것이다.

46

```
辛 辛 庚 辛        乙
卯 巳 寅 未 여자   未
```

- 巳는 남편이고 庚은 그 표출신이다. 겁재가 남편의 표출신이니 돈이 안되고 바람기 있는 남편이다.

- 乙대운에 夫 표출신인 庚이 합신인 乙을 만나니 식당 종업원
과 바람이 났다. 난리가 나고 이혼할 뻔했다. 乙대운은 군비
쟁재도 되니 돈이 많이 새어 나갔다.

46

丁　辛　癸　丁　　　丁
酉　酉　丑　亥　남자　未

- 丁과 亥는 명암합하여 한몸이다. 이것은 중요한 사항이다. 亥
중의 甲이 처고 丁은 처의 표출신이라는 말이다. 丁丁이 있으
니 재혼지명이고 세 번 결혼했다.
- 金水傷官格이라 한습하여 丁이 필요하지만 결국은 편관칠살
로 일간의 바로 옆에 바싹 붙어 극하니 불화가 심해지고 결국
은 이별하는 것이다. 丁은 자식이라 첫 아내와 딸을 하나 두
었고 재혼한 처와도 딸이 하나 있다. 丁未 대운중에 세 번째
여자와 간통하여 얻은 아들이 하나 있다는데 확인이 안된 상
태다.
- 결혼생활이 모두 이 남성의 바람으로 끝이 났다. 자꾸 丁을
끌어당기나 결국은 편관이라 이내 불화가 생기고 이별하는
것이다. 金水傷官用殺격 사주다. 초등교장이었다. 앞의 두 처
가 다 교사였다. 丁이 官이자 아내이라서.

壬 辛 己 丁　　　甲 癸 壬 辛 庚

辰 丑 酉 酉 여자　寅 丑 子 亥 戌

- 종왕격에 설기자 壬이 용신이다. 신강하여 에너지는 넘치고 壬상관으로 설기해야 하니 성욕이 매우 강하다.
- 丁은 편관이지만 자식인 壬과 합하니 남편으로 본다. 무근하고 합거될 판이니 고개 숙인 남자다. 자식 생기기 전에는 힘이 좋았던 남자였는데 어찌 된 판인지 자식 壬이 생긴 후 합거당하여 갑자기 힘이 빠져버렸다. 밤이면 맥을 못 춘다. 그래서 이 여성은 거침없이 바람을 피운다.
- 壬이 천간에 힘차게 발동하니 입이 크고 튀어나왔다. 여성이 입이 크면 식욕과 활동력 그리고 성욕이 왕하다고 한다. 그래서 남자들은 입이 큰 여자를 잡는 것이 좋다는 관상책도 있다.
- 酉丑 金局에서 홀로 솟은 일간이라 공주병이 있다. 예쁘지도 않고 별 능력도 없는데 제 잘난 맛에 산다.

41 31 21

丙 辛 丁 甲　　　辛 壬 癸

申 酉 丑 辰 여자　未 申 酉

- 金水傷官用官격 사주다. 丁도 조후가 되지만 丙辛의 합을 깨

니 不美하다. 丁은 애인이다. 辛은 강하고 丙을 합하여 사지로 끌어들이니 여러모로 양에 안 차는 남편이다. 丙丁이 다 허약하니 남편도 애인도 다 성적으로 아주 무기력하다고 한다.

〈앞 여성의 남편사주〉

戊 辛 己 己
戌 亥 巳 亥 **남자**

- 巳화가 부서져 직업이 수없이 바뀌고 역마관이라 시청 위생계의 환경미화원이다.
- 巳가 자식인데 巳亥충이 심해 정신지체 장애인이다.
- 상충살과 천문살이 겹치니 끈기가 없고 분별력이 약하다.
- 巳亥충으로 巳중의 庚도 장생지를 잃어 형제가 교통사고로 죽었다.
- 戊戌 모친은 괴강주라 강강하시고 나는 마마보이다.

41

己 辛 壬 壬　　　丁
亥 巳 寅 辰 **여자**　酉

- 격국용신이 분명치 않고 어느 것 하나 쓸 만한 오행이 없다.

- 巳 남편은 巳亥충과 寅巳형살에 걸려 매우 허약하다. 백수에
  전과자다. 감방에 자주 들랑거린다. 남편으로 인한 고통이 말
  할 수 없이 크다.

- 酉대운이 오자 巳酉로 합하여 그 기가 끊어져 사별했다. 없는
  것이 더 나은 남편이다. 酉대운 戊寅년에 寅巳형이 거듭되고 寅
  亥합으로 인한 巳亥충이 일어나는 沖中奉合운을 만나 과부가
  되었다.

- 巳亥충과 寅亥合破가 있어 亥가 손상되니 딸이 정신지체 장
  애인이다.

- 丙대운이 오자 합신이자 관성인 丙이라 재혼하려고 해서 말렸
  다. 평생 남편복이 없다 보니 재혼하면 혹시 남편복이 생길까
  기대하지만 사주원국에 부부궁이 깨지면 재혼해도 고통이다.

39 29

```
丙 辛 丁 己        癸 甲
申 酉 丑 亥 남자    酉 戌
```

- 金水傷官用傷官격 사주다. 丙丁은 반딧불 같아서 용신으로 삼
  기는 약하고 조후의 역할은 조금 된다. 신강하니 亥로 설기해
  야 한다. 亥丑합으로 설기구가 넓어져서 좋다.

- 丙은 合死되고 丁은 墓地 위에 있고 木이 없어 헛불이다. 처의 불임으로 무자식이다.
- 역마인 상관으로 泄하니 태국에서 근무하는 신발 기술자다.

29

```
癸 辛 丙 甲        癸
巳 亥 寅 辰  여자   亥
```

- 巳亥충으로 辛의 뿌리가 없어져 종재격이다. 丙辛합하여 합절되고 巳亥충으로 丙의 뿌리가 허하다. 癸대운 丁丑년 남편이 교통사고로 급사했다. 癸대운은 丙辛의 합을 깨고 丙을 직접 극하며 대운지 亥는 巳亥충을 거듭하여 丙의 뿌리를 아주 뽑아놓는다. 세운간 丁도 丙辛의 합을 깨고 세운지 丑은 巳丑으로 巳를 마저 사라지게 한다. 이래저래 부부 이별운이다. 아들딸이 하나씩 있다.

```
                  43 33 23 13 3
壬 辛 辛 戊        丙 乙 甲 癸 壬
辰 丑 酉 申  남자   寅 丑 子 亥 戌
```

- 종왕격 사주에 설기자 壬이 용신이 되는 가상관격이다. 언변

이 좋다. 상관 기질이니 프리랜서로 영업직이다.

- 부부궁이 몹시 약하다. 辰중의 乙밖에 없다. 편재이고 辰丑破로 인해 일주와의 합이 제대로 이루어지지 않는다. 辰은 늦봄이니 늙은 여자를 의미하는데 총각으로서 연상의 이혼녀와 결혼했으나 불화가 심하다.

- 월지 건록이고 비겁이 왕하고 인성이 또한 기신이라 부모형제 덕이 없이 자수성가하니 초년고생이 아주 심했다.

- 강한 상관이 자식궁인 시주에 투간하고 火가 없어 무자식이다. 傷官無財라 돈이 없다.

〈위 남성의 부인 사주〉

					38	28	18
庚	辛	癸	己		丁	丙	乙
寅	卯	酉	酉	여자	丑	子	亥

- 건록격 사주에 신왕하니 癸가 설기용신이다. 寅도 희신이다. 寅중의 丙은 비겁을 견제하니 좋다. 丙이 남편성인데 두 개의 酉를 보고 있다. 丙에서 酉는 사지이니 해로하기 어렵다. 卯酉충으로 부부궁이 깨어지고 寅酉로 겁살까지 한다.

- 亥대운에 남편궁 寅과 亥가 합하여 결혼했으나 亥는 寅중 丙의 절지라 자식도 없이 이내 헤어졌다.

- 丙대운에 丙이 관성이고 庚 겁재를 제압하고 일간과 합하니 재혼했으나 丙이 癸의 극을 받으니 또 싸우기 시작한다. 불화 속에 살아간다.
  남편성인 丙은 寅이 초봄의 나무라 봄총각이니 총각과 재혼했다.
- 癸는 기술성이고 木이 돈이라 의상 디자이너다.

				51	41	31	21	11	1
壬	辛	庚	壬		甲	乙	丙	丁	戊	己
辰	巳	戌	寅 여자	辰	巳	午	未	申	酉

- 신약하지는 않으나 火局이 있고 관살이 혼잡해서 관을 좀 制해 줄 필요가 있다. 壬을 용신으로 삼는 식상제살격이다.
- 식상제살을 하니 여린 듯 깡다구 있고 끈덕진 성격이다. 직선적이고 말이 밉상이다. 상관이 용신이니 자기가 하고 싶은 대로 살며 제 잘난 맛에 산다. 지라살과 귀문살이 겹치니 예민하고 성질이 더럽다. 일지에서 겁재가 솟으면 이중적이고 탐욕적이다. 니 돈과 내 돈이 따로 없고 남자도 니 것 내 것이 없다.
- 거의 100% 적중하도록 상담했는데도 불만족한 반응을 보이고 갔다. 상관사주는 원래 남이 하는 일은 다 시덥잖게 여기는 기질이 있다.

- 寅이 부친인데 寅午戌 火局으로 타니 死木이다. 酉대운에 월간의 겁재 庚이 酉에 양인을 얻어 부친이 일찍 돌아가셨다. 辛酉대운은 비겁운이고 부친이 안 계시니 몹시 고생하여 춥고 배고픈 시절을 보냈으며 배움도 국졸로 그치고 말았다.

- 식상으로 제살하니 뭔가 기술로 연명했을 것이다. 寅이 돈이고 死木이니 옷을 만드는 기술자다.

- 일지의 巳가 남편이고 월간의 庚은 남편의 표출신이다. 겁재가 남편의 표출신이라 돈이 안되고 바람기가 많은 남편이라 이혼을 했다. 庚은 이 여성의 표출신이기도 한데 庚이 戌 홍염지 위에 있어 부부가 다 바람기가 있어 동시에 바람을 피웠다. 더구나 식상으로 制殺하니 성욕이 왕할 것이고 남편을 무시하고 배신하는 형이다. 상관성의 특징이다.

- 일시주에 1급 소용돌이가 있어 부부궁이 요동친다. 상관이 천간에 발동하니 입도 크고 튀어나왔다. 입이 크니 적극적이다.

- 자식인 壬이 먼저 있고 남편인 巳가 뒤에 있으니 속도위반이라 혼전에 출산하고 동거하다가 식을 올렸다. 丁대운에 丁壬合하니 남은 壬이 난동하여 임신하는 운이다. 21살쯤 조혼했다.

- 丁未 丙午 대운에 불화 속에 살다가 乙대운이 오자 부부의 표출신인 庚이 合神을 만나 둘 다 바람이 나서 이혼했다.

壬일간

庚 壬 癸 壬   丙 丁 戊 己 庚 辛 壬

戌 子 卯 辰 여자   申 酉 戌 亥 子 丑 寅

- 水木傷官用官격이다. 신강하니 官을 우선으로 쓴다. 戌중에 일간의 합신인 丁이 있어 戌이 남편성이다. 시에 있으니 그 당시로는 대단한 만혼이다. 35살 겨울에 했다. 己대운이 정관운이라 결혼했는데 대운간 己는 대운지 亥 위에 있고 亥중의 甲과 합하는 己다. 비견인 亥중에 있어 이혼남이고 甲도 있으니 딸이 둘 달린 사람에게 시집갔다.

- 사주에 물이 많고 戌이 막아주니 출생지는 거제도이고 이리저리 흘러다니다가 부산에 와서 오래도록 산다. 戌은 山이다.

- 戌편관이 용신이고 卯가 설기자니 초등교사고 남편도 중등교사다. 戌이 용신이고 丁이 합신이라 돈과 남편에 집착한다. 己亥 대운은 내내 불화 속에 살며 이혼운운했다. 水가 왕한 대운이고 戌亥 천문살도 가세했기 때문이다.

- 戊戌대운은 가정이 편해지고 운세가 강해져 돈이 좀 모였다.

- 丁酉대운은 대운간 丁이 남편의 투출신인데 년간의 丁과 합하고 癸의 극을 받으니 남편이 멀리 호주에 있는 아들의 공부 뒷바라지를 하러 퇴직하고 호주로 갔다. 丁은 돈이라 지출이 늘었다. 대운지 酉는 용신인 戌중 戊土의 사지이고 자식성인 卯를 친다. 자식과는 여전히 떨어져 살고 있고 본인한테 생명의 위험이 와서 유방암 수술을 받고 명퇴를 했다. 식상은 자궁이나 유방, 갑상선을 뜻한다. 戌은 이 부부의 직업이고 용신이니 목숨줄이다.

- 申子辰 水局하여 戌을 약하게 하는 申대운도 좋지 못하다. 역시 생명의 위험이 있다. 부부가 다 몸을 조심해야 한다.

- 시상 편인은 자식에게 해롭다고 하고 자식인 卯가 子卯 음형살에 걸려 있다. 卯를 戌이 入墓하려는 것을 子가 말리고 있다. 子가 합충되는 운에는 자식이 위험하다. 亥대운 庚午년에 편인인 庚이 하나 더 가세하고 午가 子를 충하니 子가 역할을 상실하여 卯가 戌에 입묘하였다. 子午충은 수옥살에 상충살이라 더욱 위험하다. 세 살된 딸이 차 사고로 죽었다.

- 년월주에 1급 소용돌이가 있고 형제인 壬이 辰에 입고되고 卯 사지를 보니 형제가 여럿 죽었다. 辰에 입고하니 결혼후 음독자살한 자매도 있다. 辰은 형제나 남의 남편이다. 辰이 壬을 입고시키니 결혼후 죽는다고 보는 것이다. 혼전에 유부남을 사귄 적도 있다.

- 자식은 乙乙甲이 지지에 있어 전처의 딸이 둘이고 내 아들이

하나 있다. 내가 낳은 딸이 하나 더 있었는데 차 사고로 죽었다.

- 丁酉대운은 卯酉충으로 자식이 위험한 운인데 중학교 1학년 생인 아들이 친구한테 눈을 맞아 실명위기에 놓였다가 멀리 호주로 유학을 갔다. 한국의 교육환경에 실망하여 보냈는데 잘한 일이라고 생각한다. 그렇게 함으로써 아들의 명땜을 하지 않았나 생각한다.

甲 壬 丙 甲　　　乙
辰 寅 子 子　여자　亥

- 부친은 丙이고 모친은 보이지 않는다. 없다고 우물거리지 말고 합신으로 찾아내어 확실한 감정을 해보자. 부친인 丙은 寅이 본거지다. 寅중의 戊와 甲도 부친의 기운이다. 寅중의 戊와 합하는 子중의 癸가 모친이다. 일간인 壬은 나도 되고 모친의 표출신도 된다. 子에 같이 있던 壬이 올라왔으니까 모친의 표출신이다.
- 나와 모친이 부친인 丙에게는 편관칠살이니 인연이 좋지 못하다. 부친은 중국에 취업해서 나가 있고 대운지 亥는 부친인 丙에게는 절지라 부모가 불화해서 서로 떨어져 있으며 이혼수속을 밟고 있는 중이다.

                        29 19 9

    庚 壬 己 甲   壬 辛 庚

    子 子 巳 寅 남자   申 未 午

- 모친인 庚이 두 개의 사지를 보고 있고 나 壬은 그 사신이 발
  동한 것이니 殺母之命이라 할 수 있다. 두 살인 乙卯년에 약
  한 庚이 강한 乙卯에 합거되어 모친이 저세상 사람이 되었다.

                        34

    壬 壬 己 己   乙

    寅 辰 巳 酉 남자   丑

- 신약하여 巳酉 半金局에 의지하고 있어 재관이 기신이다. 巳
  는 첫 아내이고 寅중의 丙은 그 후로 만날 후처이거나 내연의
  관계를 맺는 여자다. 壬이 타고 있는 寅이라 처녀는 아닐 것
  이다.
- 土多가 병이라 직업애로와 변동이 잦고 자식애로도 많다.
- 辰酉의 합으로 巳가 사라지니 辰대운에 부친과 사별했다. 巳
  가 辰에 설기되어 氣가 끊어진 것이다. 丑대운에는 巳酉丑 金
  局이 확실해져 부부불화 끝에 이혼을 했다.
- 부친인 巳가 있는데 모친인 酉와 암합하는 寅중의 丙이 또 있

으니 모친이 재혼했다.

41 31 21

丙 壬 乙 己   庚 己 戊

午 子 亥 酉 여자 辰 卯 寅

- 시지의 午는 일간과 명암합하고 정관인 己가 있어 남편성이다. 년간의 己는 午에서 올라온 남편의 표출신이다.
- 己는 뿌리가 멀어서 약하고 乙의 극을 받는다. 子午충으로 뿌리가 뽑히니 生子別夫의 사주다. 己卯 대운에 남편성이 있는 년주와 충하여 딸을 둘 낳은 후 이혼했다.

53

乙 壬 甲 戊   戊

巳 戌 寅 戌 여자 申

- 寅戌과 寅戌로 火가 강하고 木生火 火生土로 최종자 戊로 종하는 종살격이다.
- 일지에서 솟은 戊가 나의 표출신이다. 그렇게 되면 甲이 남편이다. 甲이 남편이나 火局에 타버리고 년주와 월주 사이에 4급의 가장 센 소용돌이가 돌고 있어 해로가 어렵다. 심한 풍

파 끝에 이혼했다.

- 甲이 있는데 또 乙이 있어 재혼지명이다. 재혼해서 아들을 하나 낳았다. 乙과 합하는 巳중의 庚이 재혼남과의 사이에서 낳은 아들이다.

- 재혼후 남편 몰래 연하남을 사귀는데 실속없는 백수다. 표출신인 戊는 괴강에 놓여 강하고 관성인 甲 乙은 약해서 양에 차는 남자가 없다.

52 42 32 22 12 2

癸 壬 丁 甲 　　　 辛 壬 癸 甲 乙 丙

卯 申 丑 午 여자 　 未 申 酉 戌 亥 子

- 일간이 약하지 않고 재도 약하지 않으며 식상도 왕하다. 남편은 午중의 己土인데 그 표출신인 丁과 일간이 합하니 부부유정하고 남편이 나만 바라보고 있다.

- 년주에서 시주에 이르도록 木生火 火生土 土生金 金生水 水生木으로 氣가 잘 흘러 막힘이 없는 주류무체라 좋은 사주이다.

- 癸대운에는 癸가 丁壬의 합을 깨어 남편이 많이 아프고 돈도 제대로 못 벌며 부부간에 불화도 잦았다. 丁이 극되니 남편애로와 금전애로가 겹친 것이다. 丁은 돈도 되고 합신이고 남편인 己가 있던 午중에서 올라와 남편도 된다.

- 甲과 卯는 아들과 딸이고 남편인 丁에서 보면 壬 癸가 자식이다. 癸는 卯가 문창성이고 壬은 申이 문창성이니 둘 다 수재다. 딸은 의사, 아들은 회계사이며 남편도 회계사이다. 남편 표출신인 丁에서 보면 나의 일지가 돈이니 나와 합하면 돈이 따르는 형상이라 나는 재수있는 여자다.

- 약간 신약한 듯한 일간이라 酉대운부터 운이 좋다. 그때부터 재물이불어나고 집안이 날로 번창해진다. 庚午 대운도 좋지만 자식의 몸은 조심해야 하고 자식이 직업상의 애로를 겪을 수도 있다.

- 財 官 印 食傷이 다 살아있는 드물게 좋은 사주다.

49 39 29 19 9

庚 壬 丙 壬   辛 壬 癸 甲 乙

戌 寅 午 寅 여자   丑 寅 卯 辰 巳

- 일간은 무근하고 庚은 火局 위에서 자신이 존명하기도 어려워 生水할 수가 없다. 종재격이다. 일지에서 솟은 丙이 일간을 대행한다.

- 丙에서는 庚이 부친이고 寅이 모친이다. 寅 모친이 丙 나를 낳으면 火氣가 충천해서 庚이 녹는다. 부모가 이혼후 각각 재혼하셨다. 일간대행하는 丙은 나도 되고 모친인 寅에서 올라오

니 모친의 표출신도 된다. 丙에서 壬이 편관이나 남편성이다. 壬이 매우 약하니 모녀가 다 부부해로 하기가 어렵다. 모녀간에 팔자가 닮았다고 할 수 있다. 壬이 너무 약해 남편으로 보지 않고 丙의 합신인 戌중의 辛을 남편으로 볼 수도 있다. 辰대운에 辰戌의 충으로 결혼 8개월 만에 이혼했다.

- 약한 壬이 강한 丙으로 변격하니 성격은 여린 듯 강인하고 고집이 세다.

- 재성인 庚이 약하니 자영업을 수차 실패했다.

- 辛대운이 오자 일간대행하는 丙과의 합신운이라 재혼욕구가 강해지고 있다. 재혼하여도 또 丑대운이 좋지 못할 것이다. 戌중의 辛은 火局 속에서 극을 받고 있어 쓸 만한 남자가 이 사주에는 없다.

36 26 16

辛 壬 辛 丙　　乙 甲 癸

丑 午 丑 午 남자　巳 辰 卯

- 년간의 丙은 부친이고 丙午와 辛丑이 둘 다 강해서 어느 한쪽이 쉽게 합거되지는 않지만 癸대운에 癸가 丙을 극하니 부친이 뇌출혈로 쓰러져 7년 만에 돌아가셨다. 癸가 천간의 丙丁 火를 극할 때 추락사나 뇌혈관 손상이 많다.

- 丙午와 辛丑의 균형이 무너지는 辰대운에 丙午를 설기하니 辛丑이 丙午를 합거시켜 고부갈등으로 이혼했다.

- 일지 午는 재혼한 부인인데 모친궁과 丑午 귀문 원진살이 중첩되어 고부갈등 속에 살아간다.

- 辛이 모친이고 丑 위에 있어 소같은 고집이 있고 壬을 보고 있어 직선적이고 상처 주는 말로 집안 풍파를 일으킨다. 辛에서 壬은 상관이니 모친의 입이다. 상관은 험한 입이고 식신은 고운 입이다.

21 11 1

```
乙 壬 己 乙        壬 辛 庚
巳 辰 卯 未 여자    午 巳 辰
```

- 일간은 無根하고 卯未 목국과 卯辰 반방합이 있고 일지에서 乙이 두 개나 솟아 종아격이 되었다. 乙이 일지에서 솟아 본인의 표출신이고 일간을 대행한다. 강한 木氣를 泄해 줄 巳가 용신이다.

- 乙이 일간을 대행한다면 己는 부친이다. 년월주는 서로 4급의 소용돌이 속에 있고 己에서 보면 乙이 편관이니 부친과의 인연이 좋지 못하다. 庚대운에 乙庚合하니 하나 남은 乙이 난동을 부려 己를 더욱 극하여 어린 나이에 부친과 사별했다. 庚

대운에는 가난해서 초등학교도 못 마쳤다.

- 壬이 모친이고 괴강주에 걸리니 과부 팔자에 고집이 세고 乙乙이 있어 쌍나팔이니 직선적이고 성질이 급하고 강강하시다.

丁 壬 壬 戊
未 戌 戌 戌 여자

- 일주무근하여 종재격에서 종살격으로 변한 사주다.
- 시지의 未가 남편이고 일간과 합하는 丁이 남편의 표출신이고 쟁합을 하고 있다. 남편이 초등학교 동기인 유부녀와 통정해서 외방자식인 딸을 하나 두었는데 유부녀가 키우고 있고 그녀의 남편은 그런 사실을 모르고 그 딸이 자기 소생인 줄알고 있다. 위의 여성은 이 사실을 알지만 자기 가정이 깨질까봐 함구하고 있다. 丁壬合木으로 자식 아닌 자식이 생겨나니 외방자식이다.
- 丁이 남편이고 돈이라 시부모의 재산을 보고 결혼했는데 참고 사는 것도 다 돈 때문이라고 말했다. 돈이 뭔지….

〈위 여성 소생의 딸〉
辛 甲 甲 甲
未 午 戌 子 여자

- 戌이 부친이고 子 중에 壬癸가 있어 부친이 양방에 갓 걸 사주다. 친 자매가 한 명 있는데 사주에는 甲이 세 개라 이 딸이 모르는 자매가 한 명 더 있다.
- 午戌로 합해오는 월간의 甲이 친자매이고 子午충으로 합이 좋지 못한 년간의 甲이 배다른 자매다.


```
己 壬 庚 丙        甲 乙 丙 丁
酉 寅 子 午 여자    午 未 申 酉
```

- 양인격 사주에 신왕하니 설기하고 통관시키는 寅이 용신이다.
- 년지 午중의 己가 남편이다. 일간과 午중의 丁이 명암합하고 일지끼리도 합이 있어 인연이 있으니 남편으로 본다. 남편궁인 午에서 丙과 己가 솟아 남편의 표출신이 둘이니 재혼지명으로 본다.
- 시간의 己가 재혼남인데 일지의 寅이 己의 死地라 또 이혼했다.
- 년간의 丙은 부친이고 월간의 庚은 모친인데 서로 천충지충을 하니 부모가 이혼하고 각각 재혼했다. 년주에 있는 일이라 열 살 전에 있었던 일이다. 일지의 丙은 의붓 아버지다. 일지에 있어 의부 슬하에서 자랐다.
- 양인격에 子午충살이 있어 성질이 강하고 투쟁적이다. 편인이 투출해 계산적이다. 寅이 입이고 木이니 백화점에서 옷을 파

는 점원이다. 옷은 木에서 나왔고 寅은 성인복으로 본다.

辛 壬 己 壬　　　甲 癸 壬 辛
丑 戌 酉 寅 남자　寅 丑 子 亥

- 년지 寅중의 丙은 첫 부인이다. 일지와 寅戌의 반삼합이 있어
  인연이 걸리니 처로 본다. 寅酉로 겁살하고 멀어서 좋은 합이
  못 되니 이혼했다. 寅이 봄처녀라 어린 여자였고 寅중의 戊,
  월간의 己는 전처소생의 아들과 딸이다.
- 戌중의 丁은 재혼한 처인데 늦가을 여자라 연상녀다. 丑戌형
  으로 합이 좋지 못해 두 번이나 혼인신고를 했다가 또 이혼하
  고 이따금씩 찾아가서 돈이나 뜯고 있다.

壬 壬 乙 癸　　　己 戊 丁 丙
寅 申 丑 丑 여자　巳 辰 卯 寅

- 한겨울 때아닌 장마를 만나 천지가 얼어붙는 상이고 寅이 희
  용신이다. 설기도 해주고 다소의 조후도 된다. 그러나 寅申충
  으로 용신이 허약하고 상처를 입어 좋은 팔자는 못 된다.
- 초년 甲子 乙丑 대운은 춥고 배고픈 시절이었고 남방 火운에

보다 따뜻해질 것이다.

- 癸는 남동생인데 백호에 걸려 있고 기신이다. 戊辰 대운에 대운간 戊가 癸를 합하여 대운지 辰 속에 입고시킨다. 戊辰 대운도 백호 대운이다. 남동생이 오토바이 사고로 죽었다. 戊는 이 여성에게 관성이라 이 여성이 결혼한 직후에 죽었다.

- 丑이 남편이고 丑丑이라 재혼지명이다. 丑에서 기신인 癸가 솟아 더 춥게 하고 癸는 겁재라 돈이 안되고 바람기 있는 남자라 남편애로가 크다. 별거중이다. 丑이 년지에 있어 조혼했다. 21살 戊대운이 시작되자 바로 결혼했고 남동생도 나의 결혼 직후에 죽었다.

- 대형 마트에서 옷을 파는 점원이다. 寅은 활동력이고 木이라 섬유 계통이다.

26

己	壬	丁	庚		甲
酉	寅	亥	申	여자	申

- 寅중의 丙이 부친인데 寅亥합으로 丙의 기가 약해져 있고 酉가 있어 寅이 겁살 당하고 있으며 년지의 申이 노리고 있다. 寅申충을 亥가 보류하고 있는데 亥가 합충 당하는 운이 오면 寅의 역할이 상실되어 寅申충이 일어난다.

- 투간한 丁을 부친으로 보더라도 일간이 합하여 합사시키고

있다. 丁에서 보면 寅이 사지이다.

- 甲申 대운이 오자 寅 부친궁에서 투출된 甲이 솟아오르니 별
  볼일 없던 부친의 운이 순간적으로 확 풀리더니 갑자기 부친
  이 급사하고 말았다. 웅크리고 있던 부친의 표출신이 솟으니
  운이 풀렸고 甲이 庚에 극되고 대운지는 寅을 충하니 돌아가
  신 것이다.

46

癸 壬 癸 丁　　　戊
卯 寅 丑 酉　남자　申

- 일간과 합하는 丁이 아내인데 癸丑 백호의 극이 불길하다. 酉
  丑 半金局의 生을 받는 癸는 아주 강하다. 일간 壬은 丁을 합
  하여 일지의 寅, 즉 丁의 사지인 寅으로 끌고 간다. 合死되어
  첫 부인과는 사별을 했다.
- 寅중의 丙이 후처인데 아직은 동거중이고 혼인신고는 하지 않았다.
- 寅卯가 용신인데 申대운에 용신이 충극되니 수술을 두 번이
  나 받고 생명이 위험했다. 寅申충으로 충출된 丙을 癸가 극해
  서 손재도 있었다.

34

```
庚 壬 丁 壬        癸
戌 子 未 子  여자   卯
```

- 未가 남편이고 丁은 그 표출신이다. 丁이 쟁합하고 있어 나는 후처다. 丁은 년주의 壬子가 합절시킨다. 丁에서는 子가 절지다. 지지로는 원진살이다. 그래서 남편이 전처와 이혼한 후 나와 재혼했으나 나 역시 壬子다. 나와도 이혼의 위기에 놓여 있다.

- 癸대운에 癸가 丁을 극하니 丁壬의 합이 깨진다. 부부불화가 극심하고 돈도 사라진다. 丁은 남편의 표출신이고 돈이라 돈을 보고 후처로 시집 왔으나 별볼일 없는 집안이고 남편이라 갈등이 심하다.

- 甲대운에 출산한 아들이 한 명 있다.


```
                    60 50 40 30 20 10
    0 壬 丁 辛          癸 壬 辛 庚 己 戊
    0 子 酉 卯  여자     卯 寅 丑 子 亥 戌
```

- 丁이 부친성이다. 일간이 합절시키고 卯酉충으로 丁이 무근하다. 戌대운에 沖中逢合으로 卯酉충이 일어나 부친이 단명하셨다.

- 관성이 안 보이고 丁이 합신이라 배우자로 본다. 마찬가지로 合絶이라 남편이 아주 무기력하고 도화살을 깔고 앉아 바람둥이다. 이혼하고 싶다. 이 나이가 되도록 내가 벌어서 먹고 살았다. 재성이 남편이니 아내 같은 남편이라 내가 벌어서 먹여 살려야 한다. 심한 불화 속에 살아간다.

5

```
己 壬 庚 丙          己
酉 寅 寅 辰  여자     丑
```

- 丙은 부친이고 酉는 丙의 사지이다. 庚은 死神이 발동한 것이고 辰에 丙이 설기를 당한다. 己丑대운은 년주 부친궁에 3급 소용돌이가 돌고 丙을 더욱 설기시키니 부친이 여자 문제로 자살을 했다. 사지가 되는 酉는 부친에게 여자니 여자가 사신으로 작용한 것이다.
- 조부인 庚이 辰중의 乙, 寅 寅 이렇게 있어 세 배 자식을 두었다.

35

```
丁 壬 辛 戊          丁
未 寅 酉 戌  여자     巳
```

- 인수용인격 사주다. 未가 남편이고 丁은 그 표출신이다. 일간이 丁을 합사시키고 년주에 편관이 일지로 합해 온다.
- 무기력하고 나약한 아내 같은(丁) 남편과 이혼하고 재결합하여 동거중이나 巳대운 庚辰년 정리할 계획이다.
- 戌戌이 합해오니 애인이 있다. 용신인 酉에 삼수변을 붙이면 술 酒자가 되니 술장사를 하고 있다. 합신이 들어오는 丁대운에 생긴 애인이다.
- 일간이 남편성인 丁未와 위로는 합하고 지지로는 귀문 원진살이 끼니 남들 보기엔 잉꼬처럼 보이나 내적인 갈등이 심함을 알 수 있다.

				59 49 39 29 19 9
庚	壬	己	戊	乙 甲 癸 壬 辛 庚
戌	子	未	辰 남자	丑 子 亥 戌 酉 申

- 正官用印격 사주다. 신약사주에는 재관이 기신이다. 돈과 여자로 인해 허덕여야 하고 직업운도 부실한 사주다.
- 未중의 丁이 첫 부인인데 己未가 있어 자식을 낳은 후 이혼했다. 戌중의 丁이 후처이다. 딸만 셋을 낳았다. 관이 기신이라 아들딸들이 모두 애물단지거나 풀리지 않는다.
- 丑대운에 시집갔다 이혼한 딸이 장사를 시작했다가 빚을 태

산같이 져서 빚 갚아 주느라 재산이 반 이상 날아갔다. 多官
殺에 時上 편인이니 자식애로가 많다.

55 45 35 25 15 5

戊 乙 壬 壬   戊 丁 丙 乙 甲 癸

寅 未 寅 辰 남자   申 未 午 巳 辰 卯

- 좌우의 겁재를 일지에 입고시키니 좋게 말하면 카리스마고 나쁘게 말하면 독선적이다.
- 지지에 木이 많고 홀로 솟으니 3남이지만 장남처럼 행동한다. 가난하고 한미한 집안을 일으켰다.
- 년월주에 기신과 비겁이 우글거리니 부모 형제덕이 없이 지독한 가난 속에 자랐다. 강인한 의지와 피나는 노력으로 자수성가하여 국립대학의 교수가 되었다.
- 乙대운까지 고생했다. 巳대운부터 설기와 통관이 되어 발복해서 丙午 丁未 戊대운까지 잘 나가고 있다. 고등학교도 못 갈 정도의 환경을 이겨내고 홀로 우뚝 섰으니 얼마나 장한 일인가?
- 년월주에 水가 왕해 섬 출신이다. 戊와 未가 희용신이라 처덕이 있어 처가 내조를 잘하며 결혼 후 더욱 좋아졌다.
- 戊의 뿌리가 未에 있어 乙未생 처를 만났다. 戊가 희신이고

山이라 처가는 馬山이고 이 남성은 釜山에서 오랫동안 살고 있다.

45 35 25 15 5

丙 壬 甲 庚   己 戊 丁 丙 乙

午 辰 申 寅 남자   丑 子 亥 戌 酉

- 신왕하니 丙午가 용신이나 丙은 壬의 극이 있고 午는 辰에 설기가 심하며 木이 멀어 헛불이다. 甲과 寅의 생조를 받자니 너무 멀고 庚과 辛에 의해 천충지충을 당한 木들이라 쓸모가 없다. 겉만 번지르르한 용신이다.

- 식신이 다 부서져 성대장애가 있어 목소리가 몹시 쌕쌕거려 말을 알아듣기가 힘들다. 다 부서진 식신을 끌어다 쓰려니 부지런하고 손재주가 좋지만 色을 몹시 밝힌다. 壬은 申이 홍염지이고 丙은 寅이 홍염지인데 丙과 庚으로 홍염살이 다 발동하고 午 도화 財도 있어 병적인 바람둥이다.

- 午는 처이고 丙은 애인이다. 처는 지지에 있고 애인은 천간에 발동하니 내놓고 피워댄다.

- 괴강일주라 아주 총명하고 다재다능하여 조선일보 신춘문예에도 당선되었으며 그림도 잘 그리고 인물이 곱상하다.

- 子대운에 申子辰 삼합으로 강해진 水局이 午 용신을 치니 癸

酉년에 추락사했다. 세운간 癸는 丙을 치고 세운지 酉는 용신인 丙의 사지라 44살의 나이로 그만 급사하고 말았다. 水는 하강하는 성질이 있고 火는 상승하는 기운이라 水가 火를 극할 때 추락사가 종종 있다.

- 많은 여자들을 농락했기 때문에 죽은 후 애도하는 소리보다 비난하는 소리가 더 높았다. 우리들도 죽은 후에 욕먹는 삶을 살아서는 안되겠다는 생각이 들었다.

41

```
壬 壬 甲 辛        己
寅 申 午 丑 남자    丑
```

- 正財用印격이나 寅申충으로 용신 申이 상처를 입었다. 용신수상이라 한다. 신약사주에 財는 기신이고 정편재가 혼잡되어 여자나 돈으로 인한 말썽이 많다. 바람도 잦다.
- 인성도 혼잡되니 부친이 재혼하여 이복형제가 있다. 丑중의 癸다. 나의 모친은 申이다. 일간이 申중의 壬에서 솟으니 申이 모친이다. 辛이 부친의 전처이고 申 모친은 부친의 후처이다. 사주는 유전되는 경향이 있다.
- 총명하나 다혈질이고 신경이 예민하다.
- 월지의 午가 부인이고 寅중의 丙은 時干의 壬 아래에 있어 주

로 유부녀들과 놀아나는 의사다. 申이 홍염살이고 壬壬이 홍
염살의 발동이라 더욱 바람둥이다.

〈앞 남성의 부인 사주〉

					52	42	32	22	12	2
甲	壬	甲	癸		庚	己	戊	丁	丙	乙
辰	寅	寅	卯	여자	申	未	午	巳	辰	卯

- 일간이 무근하고 辰에 입고되니 종아격 사주다. 癸는 멀고
  木들에 설기되어 도움이 안되니 종할 수밖에 없다. 일지에
  서 올라간 甲이 일간을 대행한다. 설기하는 寅중의 丙이 용
  신이다.
- 종아격이라 총명하고 甲에서 보면 丙이 식신이라 언변에 조리
  가 있어 초등교사다.
- 종아격 女命은 남편애로가 많다. 종하기 전으로 보나 종한 후
  로 보나 주중에 남편성이 없다. 찾아야 한다. 일간을 대행하
  는 甲의 지지 寅중의 戊와 합하는 癸가 남편이다. 도화살 위
  에 있고 설기가 심하니 바람둥이다. 甲이 강한데 水가 필요
  없으니 인연이 좋지 못한 남편이다. 이별하고 싶은 남편이나
  체면 때문에 참고 산다.

壬 壬 壬 辛

子 午 辰 丑 여자

- 子는 남형제이고 壬壬壬으로 표출되어 있다. 子에서 보면 午
  가 처이고 돈이다. 남형제는 사업해서 돈을 다 날리고 빚만
  졌으며 처와는 별거중이다.

癸일간

47

壬 癸 丁 辛　　　壬
戌 丑 酉 丑 여자　寅

- 인수용관격 사주다. 戌이 남편이고 丁이 그 표출신이다. 丁이 시간의 壬과 합하고 壬 다음에 癸니 나는 후처다.

- 木이 없으니 자식은 다음과 같이 추론하면 된다. 남편의 표출신인 丁에서 보면 壬癸가 자식이다. 壬은 전처와 동일하니 전처의 딸 한 명이고 癸는 일간과 동일하니 내 딸이고 년지 속에 癸가 있어 딸 둘을 낳았다.

- 壬대운이 오자 丁이 合去되어 남편 사업이 주춤해졌다. 丁은 남편도 되고 돈도 된다.

戊 癸 辛 辛
午 巳 卯 酉 여자

- 巳가 부친이다. 음일간은 정재가 부친이다. 巳중의 庚은 모친이고 辛酉와 辛은 외삼촌이고 모두 세 분이시다. 외삼촌인 辛酉에서 보면 卯는 처다. 세 분이 다 이혼남 아니면 사별한 홀아비시다. 卯酉충은 수옥살과 상충살이 겹친 것이라 영향력이 더 크다.
- 편인이 많아 성격은 재치있고 순발력이 있으나 끈기가 부족하고 卯酉충이 있어 다소 다혈질이다.

31

辛	癸	辛	癸		丁
酉	卯	酉	亥	남자	巳

- 종강격이고 설기자인 卯를 용신으로 삼자니 충살이 겹쳐 다 부서지니 쓸 수가 없다. 왕한 金을 설기시키는 癸亥 비겁이 용신이다.
- 辛酉는 모친이고 酉중의 庚과 암합하는 卯가 부친인데 상충살이 심해 부모가 이혼했다. 辛酉가 또 있으니 부친은 재혼했다가 상충살로 또 이혼했다.
- 주중에 관살이 없으니 합신을 배우자로 삼는다. 일지의 乙과 암합하는 酉중의 庚이 남편이고 辛은 그 표출신이다. 辛酉가 둘이고 상충살이 심하니 해로하기 어렵고 나 또한 재혼지명

이다.

- 상충살이 심하니 성격은 다혈질이고 끈기가 없어 직업이 자주 바뀐다.

55 45 35 25 15 5

乙 癸 壬 甲　　　戊 丁 丙 乙 甲 癸

卯 丑 申 午 남자　寅 丑 子 亥 戌 酉

- 신왕하여 乙卯가 용신이다. 년지의 午는 壬과 명암합하니 형제나 남의 처다. 일간과도 멀고 합이 좋지 못하니 다른 합신을 배우자로 보는 것이 더 정확하다. 일지의 己와 합하는 甲이 첫 부인이고 乙이 또 있으니 후처다. 甲은 無根하고 멀며 합이 약해서 이혼하고 乙卯는 가까이에서 암합하고 있어 지지고 볶아도 아직은 해로하고 있다.
- 후처가 용신이라 후처가 과일 도매상을 하며 나는 백수로 얹혀 산다.
- 甲대운 어린 나이에 동거로 시작된 첫 결혼은 戌대운에 丑戌형으로 배우자궁을 치니 금이 가기 시작하다 乙대운에 乙卯인 후처를 만나면서 끝이 났다. 후처가 가정을 깨고 들어온 것이다. 그러나 이 남성이 계속 도박이나 여자에 빠져 살아가니 후처와도 여러 번 이혼의 위기가 있었다.

辛 癸 甲 戊
酉 巳 子 子 남자

- 건록격이고 신왕하나 戊는 용신이 될 수 없다. 戊癸합으로 그 氣가 약해지고 戊의 뿌리인 巳는 巳酉 半金局으로 배임한다.
- 甲 상관으로 설기하니 무법자 기질이라 언행에 거침이 없다. 상관 기질이라 직장체질은 못 되고 자영업이다.
- 건록격이라 총명하고 부지런하며 일찍 타향에 나와 자수성가 하였으나 甲으로 戊를 치니 처자식에게 거친 언행으로 많은 고통을 주고 있다. 戊는 巳에서 올라온 처의 표출신이니 처도 되고 자식도 된다.

28

壬 癸 丁 壬   甲
戌 亥 未 子 여자   辰

- 辰대운에 남편이 급사했다. 물론 辰戌충으로 戌이 극을 당한 탓도 있지만 丁은 戌에서 올라온 남편의 표출신인데 亥에서 올라간 나의 표출신인 壬에 의해 합해져서 절지인 子로 끌려간다. 合節이다. 년간의 壬은 丁을 합절시키고 時干의 壬은 丁을 합하여 戌 고장지 속에 집어넣으니 어쩔 수 없는 喪夫之命이다.

45

```
壬 癸 癸 甲        戊
戌 酉 酉 辰  여자   辰
```

- 편인용관격이라고 말할 수 있겠지만 자세히 보면 壬戌은 癸酉
  와 1급 소용돌이가 돌고 癸酉가 둘이라 태풍도 둘이라서 戌
  이 제대로 용신 구실을 하지 못한다. 辰酉의 합으로 가까워진
  甲이 설기 용신이나 역시 辰酉의 합으로 착근하지 못하니 용
  신이 몹시 허약하여 좋은 팔자는 못 된다.

- 상관으로 설하니 경솔하고 직선적인 말투로 아주 교양이 없
  어 보인다. 태풍까지 두 개 겹치니 다혈질이고 성격에 문제가
  많아 보인다. 소용돌이가 많으니 인생 여정에 굴곡이 심하다.

- 戊대운에 戊癸로 합하여 태풍을 유발시킨다. 소용돌이가 사
  주원국에 있는데 운에서 또 소용돌이가 와도 태풍이 발동하
  고 이 경우처럼 소용돌이가 있는 천간이나 지지를 합할 때도
  소용돌이가 일어난다.

- 己丑년에 壬戌과는 3급, 癸酉와는 4급이 두 개, 사주원국의 1
  급이 두 개⋯ 무시무시한 바람이 한꺼번에 불어댄다. 세운간
  己는 용신인 甲을 합거시키니 그 해 여름 계곡에 놀러갔다가
  바위에서 떨어져 크게 다치고 그 날 오후에 딸은 학교의 축대
  에서 떨어져 온몸이 부서지는 중상을 입었으나 다행히 두 사
  람 다 생명은 건졌다.

- 부부궁에도 소용돌이가 겹치니 불화가 잦고 극심하다. 이혼 운운 하면서 살아간다.
- 월간의 癸는 자매이고 년지의 辰은 자매의 남편인데 辰酉로 합하여 辰이 사라진다. 자매도 부부이별했다.

己 癸 乙 戊   辛 壬 癸 甲
未 巳 卯 午 여자   亥 子 丑 寅

- 일간 癸는 무근하고 戊癸로 합해간다. 최종자 戊로 종하는 종관격 사주다. 戊에서 보면 乙卯가 남편이고 巳중의 庚이 자식인데 巳午未 火局 속에 녹는 金이라 불임으로 무자식이다.

34 24

壬 癸 癸 乙   丁 丙
戌 酉 未 卯 여자   亥 戌

- 戌이 정관이라 남편으로 보기 쉽지만 戌중의 丁이 壬과 명암합을 하고 있으니 戌은 壬의 남편이다. 즉 형제나 남의 남편이란 말이다. 戌중의 戊와 일간이 명암합하니 내가 유부남과 관계를 맺고 있음을 뜻한다.

- 내 남편은 자식인 乙卯와 합하는 未다. 未가 木局으로 化하려 하니 약해져서 양에 덜 차고 내게서 등 돌린 남편이다. 戌 대운에 戌未형으로 관성이 하나 정리되어 부부궁이 맑아져 결혼했으나 戌未형이 진행되어 결혼과 동시에 불화가 심하고 이 여성은 끊임없이 바람을 피운다.

- 庚辰년은,

  1. 辰戌의 충으로 관성을 치니 퇴직욕구가 생긴다.

  2. 戌중의 丁화가 충출되어 壬癸에 극되니 지출이 는다.

  3. 辰戌의 충으로 戌이 애인이라 결별하였다.

  4. 부친성인 丁이 충출되어 극되니 부친의 질병이 심하다.

38

壬	癸	丁	庚			癸
戌	亥	亥	子	여자		未

- 신왕하니 戌이 용신이다. 관성이 용신이니 부부유정하고 남편덕이 좋다. 丁은 戌 남편궁에서 올라온 남편의 표출신인데 癸未 대운에 대운간 癸는 丁을 극하고 대운지 未는 직접 남편궁이 戌을 형한다. 丙戌년에 세무공무원인 남편이 사기공모죄에 연루되어 직위해제되고 구치소에 구속되어 재판날만 기다리고 있다.

- 대운지 未가 戌을 형하니 둑이 터져 亥亥子 수국에 다 떠내려
  간다. 戌중의 戊도 丁도 다 손상되니 남편은 갇히고 나는 유
  방암으로 수술을 받았다.
- 일지에서 솟은 壬이 겁재이니 나의 탐욕심인데 亥 위의 丁火
  즉 남의 돈을 합하여 戌 고장지 속에 집어넣는다. 적천수에
  나오는 도둑의 명조와 비슷한 사주구조다.

52

```
己 癸 辛 戌        己
未 卯 酉 子  여자   卯
```

- 일간이 己의 극을 피해 년간과 합하여 건록을 찾으니 초등교
  사다. 일간이 약하지 않으니 卯로 설기해야 하나 卯는 강한
  편인에 파극되어 있고 卯未 木局으로 간신히 존명하고 있다.
  자식궁인 시주와 일주는 4급 소용돌이 속에 있다. 장남이 신
  장이식 수술을 받았으나 15년 후에 또 이식받지 않으면 살 수
  가 없다고 한다.
- 卯대운에 卯酉충이 또 일어나 명퇴후 원인 모를 병으로 죽을
  뻔했다.

```
0 癸 壬 戊
0 未 戌 子  남자
```

- 時를 모르니 용신격국을 정하기가 어렵고 애매하다. 이럴 때
  는 육친관계로 풀어나갈 수밖에 없다.
- 년월주에 관살이 강하고 戊가 壬을 치니 단명한 형제가 있
  다. 壬은 형인데 戊과 未중에 각각 丁이 있어 재혼했다.
- 부친성이 뚜렷하지 않으니 월지 戌중의 丁으로 부친으로 삼으
  면 년간의 戊는 부친의 표출신이다. 戊에서 壬癸를 보니 부친
  이 재혼했음을 한눈에 알 수 있다. 壬 다음에 癸라 일간인 癸
  가 부친의 후처이자 나의 모친이다. 일간이 꼭 나만을 가리키
  는 것은 아니다. 다른 육친이나 육친의 표출신일 수도 허다하
  다. 壬은 부친의 첫 부인이자 나의 이복형제다.
- 육친성이 없다고 어물쩡 넘기지 말고 합신이나 표출신, 투출
  신 등을 이용하여 찾아보자. 처음 보는 생소한 이론이라고 무
  조건 배척하면 合派 이론의 오묘한 이치는 영영 내 것이 될
  수 없다.

41 31

```
丙 癸 甲 戊          己 庚
辰 丑 寅 戌  여자     酉 戌
```

- 辰丑破로 일간이 무근하고 戊와 합하니 종관격 사주이다. 합
  신인 戊를 体로 하는 일간대행격 사주다.
- 戊를 体로 하면 남편성은 甲寅이다. 戊戌은 괴강주이고 갑인과
  는 4급 소용돌이 속에 있어 부부애로가 많고 해로하기 힘들어
  이혼했다. 庚대운에 甲이 庚의 극을 받아 헤어지고 말았다.
- 甲寅이 관성이라 이 여성의 직업도 되는데 역마관이라 택시기
  사가 되려고 한다. 태풍 속에 있어 사고가 잦을 것이다. 밤길
  에 남자 손님 태우는 것도 위험을 자초하는 일일 것이다. 甲
  편관은 떠돌이 남자다.
- 戊와 합하는 癸가 있어 재혼지명이나 지지로는 丑戌형이 있
  어 역시 인연이 좋지 못하다. 독신이 나을 것이다.

34

辛 癸 己 乙　　　癸

酉 未 卯 未 여자　未

- 水木食神用印格 사주다. 자식과 합하고 있는 己未土가 남편
  성이다. 년월주 사이에 4급, 일시주 사이에 2급의 소용돌이가
  있어 순탄치 않은 삶이다.
- 乙은 卯未 半木局에서 나와 강하다. 癸未 대운에 태풍이 유발
  되어 남편과 사별을 했다. 약한 己가 乙의 극을 심하게 받고

있고 癸未가 백호살이고 소용돌이가 심하니 혼자 될 팔자다.

36 26 16 6

辛 癸 庚 辛   丙 丁 戊 己

酉 巳 子 丑 남자   申 酉 戌 亥

- 건록격이고 신왕하니 巳중의 戊土가 용신이다. 그러나 巳에서 庚이 투간되어 巳의 기운이 감소되었다. 더구나 巳酉 합으로 기운이 더욱 미약해졌다. 용신이 힘이 없으니 평생 불발이다.
- 巳는 부친이고 돈이며 처다. 세 가지 다 복이 적다. 亥대운에 巳亥충으로 가뜩이나 약한 巳를 충거하여 부친이 돌아가셨다.
- 건록격이니 부친덕이 없이 일찍 객지로 나와서 자수성가해야 한다. 뜯어가는 모친과 형제들이다.
- 巳가 약하니 부부불화 속에 살아간다. 巳중의 戊도 약하니 직장 변동이 잦다. 申대운에 巳申형이 일어나 차사고와 부부불화, 처의 질병 등으로 금전애로까지 심하다.

41 31 21 11 1

戊 癸 丁 乙   壬 辛 庚 己 戊

午 巳 亥 巳 여자   辰 卯 寅 丑 子

- 월지 亥가 양쪽으로 충받아 쓸 수가 없으니 종해야 한다. 최종자이자 일간과 합하는 戊로 종하니 종관격이다. 일지에서 올라간 戊가 체가 되는 일간대행이다.
- 戊를 일간으로 보면 년간의 乙이 남편이 된다. 巳중의 庚과 합하고 나의 건록지인 巳를 깔고 있어 첫 남편으로 본다. 巳亥 충으로 이별하였다. 일간과 합하는 癸가 재혼남편이다.
- 戊를 体로 보면 水가 재성이니 남편도 되고 돈도 된다. 辰대 운에는 水가 辰에 입고하니 금전애로가 많고 부부불화가 잦다. 그래서 유학 가 있는 딸을 핑계삼아 프랑스로 가 버렸다. 합신인 癸가 약하고 뿌리가 부서져서 남편에 대한 불만이 잦고 양에 덜 차는 남편이라 역시 해로하기가 쉽지는 않다.

37 27 17 7

丙 癸 丙 己　　　庚 己 戊 丁

辰 酉 子 亥 여자　辰 卯 寅 丑

- 신강해서 관을 용신으로 삼자니 己는 무근하고 辰은 辰酉合 金으로 쓸 수가 없으니 종왕격으로 봐야 한다. 丙은 하늘에 떠 있는 태양이고 무근하니 조후로는 조금 도움이 될는지는 몰라도 기신인 己를 생조하니 역시 쓸모가 없다. 그래서 돈복 이 없다.

- 사주에 木이 있으면 설기와 통관을 시키고 금전운도 보다 나아질 수 있을 것이다. 없는데 필요한 것이 직업이다. 木은 식상이고 곡식이니 김밥장사를 한다.
- 남편인 辰은 무용지물이라 무능하고 애물단지다. 辰대운이 오자 旺神入庫하여 몸도 아프고 영업도 부진하다. 辰酉의 합이 있는데 또 辰이 오니 辰酉의 합이 풀린다. 남편이 보기 싫고 이혼하고 싶다.
- 甲乙이 있어 아들 하나 딸 하나다. 왕수를 설기시키니 자식복은 무난하다.

丁 癸 己 乙　　　戊
巳 丑 丑 巳 남자　子

- 신약하지만 종할 수는 없다. 水旺之節이고 巳丑 金局이 있기 때문이다. 巳와 丑 사이에는 酉가 숨어 있다. 극히 신약하고 일지에서 올라간 己편관이 바싹 붙어 있어 위험하다. 丑 급각살에서 투출된 것이 편관이면 신체에 손상이 오기 쉽다.
- 戊子 대운에 뇌성마비에 걸려 장애인이 되었다. 죽지 않은 것은 대운지가 子였기 때문이다.

丙 癸 丙 戊　　　戊
辰 巳 辰 子 남자　午

- 극히 신약한데 일지에서 올라간 丙이 기신인 戊를 생하니 좋
  지 못하다. 일지에서 올라간 것이 기신이거나 기신을 생조하
  면 극히 나쁘다. 나의 일지가 나쁜 작용을 하고 있는 것이니
  영향력이 더 크다.
- 戊午대운 11살에 병으로 죽었다. 대운지 午는 子를 충하여 유
  일한 의지처를 없앴고 대운간 戊는 일간을 합거시켰다. 재관
  이 지나치게 왕하면 정관도 편관의 역할을 한다.

壬 癸 戊 壬　　　己
子 未 申 子 남자　酉

- 신강하니 戊가 용신이다. 그러나 戊는 왕수에 떠내려갈 판이
  고 癸와 합하여 己에 의지하여 겨우 존명하고 있는 형상이다.
  戊가 癸와 합하여 己가 소진되면 지지의 未도 같이 약해진
  다. 조금만 충극을 당해도 크게 나빠진다.
- 己酉 대운 甲寅년 3살에 甲寅이 戊申을 천지충하여 뇌성마비
  에 걸려 장애인이 되었다. 대운간 己는 편관칠살이고 대운지
  酉는 용신인 戊의 사지이다.

壬 癸 戊 乙
戌 亥 寅 未 남자

- 寅亥합으로 뿌리가 더욱 약해지니 극히 신약한 사주다. 水木
  傷官比劫扶身격이다. 壬戌과 동순에서 서로 유정하니 壬에 의
  지해야 한다. 그러나 도움을 주려는 壬을 마다하고 기신인 戊
  과 합해가니 나쁜 쪽으로 운명이 전개된다.
- 신약사주에 식상이 혼잡하니 말은 앞서고 행동은 뒤따르지
  못하고 진실성이 결여된다. 헛소리 남발하는 형상이라 사기
  를 치다가 구속되었다. 나 돼지가 산으로 가서(戌가 산) 호랑이
  (寅)에게 잡혀먹히는 형상이다.

				49 39 29 19 9
壬 癸 丁 己				壬 癸 甲 乙 丙
戌 丑 卯 亥 남자				戌 亥 子 丑 寅

- 처성인 丁은 壬과 합하고 있다. 처 바람으로 이혼한 사주다.
  아내인 丁의 뿌리는 戌에 있는데 丑戌형으로 일주와는 합이
  나쁘고 戌중의 丁은 壬과 명암합도 하고 있다. 내 돈과 처는
  먼저 본 자가 임자니 부부해로가 어렵고 사업이나 동업을 해
  서는 안된다.

- 재성이 약하니 부친, 처, 돈과는 인연이 박하다. 신약사주에 재관이 기신이니 평생 돈이나 여자로 인한 고통이 잦다. 癸대 운에 丁을 극하니 부부이별했다.
- 丁을 고모로 보면 壬癸는 고모부라 고모가 이혼하고 재혼했 다가 과부가 되었다. 癸는 丁을 극하고 壬은 합해다가 戌 속 에 입고시키니 고모는 남편애로가 심한 것이다.

				55	45	35	25	15	5
己	癸	庚	辛		丙	乙	甲	癸	壬	辛
未	未	寅	丑 여자	申	未	午	巳	辰	卯

- 신약사주에 관살이 혼잡하고 일지에서 솟은 己편관이 바싹 옆에 붙어 극하니 남편애로가 심한 사주라 해로하기 어렵고 多病하거나 단명할 수도 있는 사주다.
- 관살이 태과하니 寅 상관으로 좀 억제해야 한다. 그래서 자식 이 생긴 후에 불화가 점점 심해지고 남편이 무책임하여 午대 운까지 불화 속에 살다가 乙대운에 이혼을 했다. 대운간 乙은 나의 표출신인 己에서 보면 편관이니 남편애로가 극심해지는 형상이다.
- 寅이 식상제살의 역할을 하는지라 손재주가 뛰어나다. 자식 복도 무난하다.

- 乙未대운은 대운지 未가 편관의 건록지라 편관이 더욱 강해
  진다. 土가 왕하니 소화기 계통이 약하다. 乙未대운에 위에
  큰 이상이 생겨서 많은 고생을 했다. 직업상의 애로도 많아
  乙未대운 중에도 직업이 수차 바뀌었다.

				42	32	22	12	2
壬	癸	甲	戊		己	戊	丁	丙	乙
子	未	子	戌	남자	巳	辰	卯	寅	丑

- 戌중의 辛이 모친인데 戌未형이 일어날 것을 子가 보류시키는
  역할을 하고 있다. 丑대운 11살에 子丑합으로 子가 그 역할을
  상실하여 戌未형이 일어나 모친이 돌아가셨다.
- 급각살 속의 지장간이 투출되어 기신이 될 때는 불구나 큰 부
  상으로 볼 수 있다.
- 土多埋金일 때는 比劫운이 가장 좋다. 우울하고 말수가 적은
  편이다.
- 合이나 沖들은 연월일시 순으로 작용하고 合부터 하고 沖한다.
- 火와 水의 공망은 작용하지 않는 것으로 본다. 유동적이기 때
  문이다.
- 丙丙, 丁丁 하늘에 해가 둘인 형상이라 항상 시끄럽다.
- 시상에 인수가 있으면 늦도록 공부하는 형상이다.

- 인수가 많아 목다화식인 사주는 결단력이 부족하거나 체면을 차리다 좋은 기회를 놓치는 경우가 많다.
- 천간지지는 어느 쪽이 動해도 같이 動한다. 天干地支는 한몸이다.
- 사주의 地支는 靜이지만 형충회합을 만나 動한다.
- 도화살이 합을 만나면 桃花發動이라 도화살의 영향이 뚜렷해진다.
- 사주는 천간이 動이고 지지가 靜이다.
- 甲乙 일주에 丙戌의 월이나 시를 만나면 자식의 횡액이 있다.
- 己未 일주에 丑戌시도 자식의 횡액이 있는데 주로 자살이 많다.
- 천간의 인수가 동하거나 그것과 합이 되는 운이 오면 이사를 한다.
- 장생지를 충하는 운이 오면 생명의 위험이 있으니 조심해야 한다.
- 관살이 좌우에서 합신하는 男命은 배다른 자식을 둔다.
- 比劫이 일주와 합해오면 배다르거나 씨다른 형제가 있다.
- 戊子일 생이 寅巳나 巳申의 刑이 있으면 음독하는 경우가 종종 있다.
- 사주가 나쁠 때의 時上편관격은 강산을 쫓아다니고 사주가 좋은 때의 時上一位貴格은 貴命이다.
- 比劫이 왕한 女命은 시집덕이 없다.
- 음일간의 양인은 기술성으로 본다.

- 재를 보고 비겁이 있으면 도둑사주인데 관이 있으면 오히려 부정과 불의를 싫어한다.
- 丙丁火가 천간의 癸를 보면 시력이 나쁘다.
- 사주에 午午가 나란히 있으면 운동이나 춤에 소질이 있다. 화상을 조심해야 한다.
- 편인에 상관은 역술인이 많다.
- 지나치게 많은 오행은 없는 것과 같다.
- 울의 乙木은 상관이 천간에 떠야 분발심이 있고 표현력이 좋다.
- 木火假傷官格은 미인이 많다.
- 乙卯일주에 卯시를 가진 남자는 처를 학대하는 경우가 많다.
- 자식을 낳고 살다가도 이별하는 여자 사주

  乙巳 辛巳 癸巳 丁亥 己亥일 생이 천간에 관성이 투간할 때 有無情을 잘 살펴야 한다.
- 건록이 있는 사람은 내 몸이 두 개가 있는 셈이니 항상 바쁘고 남의 집 살림에도 신경쓰는 경우가 많다.
- 가상관격에 인수운은 必滅이다.
- 己丑 일주 여자는 丑중 辛金이 木을 자르니 남편운이 불길하고 癸가 흐르지 못하니 자궁에 물혹이 잘 생긴다.
- 종격은 순수한 편이고 가종격은 이중적인 면이 있으며 부모를 이별하거나 남의 부모슬하에서 자라는 경우가 많다.
- 金水傷官格은 미남 미녀가 많고 木火傷官格은 그림에 소질이 많다.

- 木火傷官에 불이 왕하고 火가 천간에 투출되고 귀문살이 있으면 정신병 증세가 있다.
- 재와 식신, 관이 일주와 합해 오면 장모를 봉양하는 경우가 많거나 처가에서 자식을 얻는 경우가 많다.